LE RÉGIME FONCIER

DANS LES

POSSESSIONS COLONIALES FRANÇAISES

MESURES COMPLÉMENTAIRES NÉCESSAIRES

Par A. NAUDOT

Ancien sous-inspecteur des Domaines en Algérie
Ancien conservateur des Hypothèques
Ancien chef du service de l'Enregistrement et des Domaines
à la Guyane

PARIS
A l'Administration du Recueil Général de Jurisprudence, de Doctrine et de Législation Coloniales et Maritimes
« La Tribune des Colonies et des Protectorats »
33, Chaussée-d'Antin, 33

1910

LE RÉGIME FONCIER

DANS LES

POSSESSIONS COLONIALES FRANÇAISES

LE RÉGIME FONCIER

DANS LES

POSSESSIONS COLONIALES FRANÇAISES

MESURES COMPLÉMENTAIRES NÉCESSAIRES

Par A. NAUDOT

Ancien sous-inspecteur des Domaines en Algérie
Ancien conservateur des Hypothèques
Ancien chef du service de l'Enregistrement et des Domaines
a la Guyane

PARIS
A l'Administration du Recueil Général de Jurisprudence, de Doctrine et de Législation Coloniales et Maritimes
« La Tribune des Colonies et des Protectorats »
33, Chaussée-d'Antin, 33

1910

Le Régime Foncier

dans les possessions coloniales francaises (1)

MESURES COMPLÉMENTAIRES NÉCESSAIRES

Le mal dont souffrent toutes nos colonies, plus particulièrement dans les débuts, c'est le peu de sécurité qu'offrent les transactions immobilières entre Européens et indigènes, par suite de l'ignorance où se trouve le colon de la nature et de l'étendue des droits de ses vendeurs sur le sol et de l'existence de certaines entraves qui gênent la libre circulation des terres.

Les titres délivrés par l'Administration elle-même ne mettent pas toujours le concessionnaire à l'abri de tout recours, de toute éviction; les annales judiciaires sont là pour en témoigner. Sans attacher à cette particularité plus d'importance qu'il ne convient, il faut bien reconnaître qu'il ne suffit pas, pour déterminer exactement les droits du domaine sur toute l'étendue des territoires coloniaux et permettre d'en disposer sans crainte d'erreur, de décréter que « les terres vacantes et sans maître appartiennent à l'Etat. »

De tout temps, l'Administration s'est émue d'un pareil état de choses et s'est préoccupée d'y remédier. Témoin, en premier lieu, l'Algérie.

***

A quelques milles de la France, dont elle est « le prolongement au-delà de la Méditerranée », notre grande possession Nord-Africaine, à la fois colonie agricole, commerciale et industrielle, colonie de peuplement et d'exploitation, comptant plus de cinq millions d'indigènes en contact journalier avec nos colons européens, est qualifiée mieux que toute autre, pour servir, à maints points de vue, d'exemple, *mutatis mutandis*, à nos autres colonies, malgré les dissemblances de climat, de terroir et de races. L'expérience que nous y avons acquise nous a coûté assez de temps et d'argent; les « écoles » que nous y avons faites sont assez nombreuses pour que nous en tirions quelque profit ailleurs.

La question de la propriété indigène s'y est, en effet, posée dès les premiers temps de l'occupation. En dehors de la propriété privée, il y avait la propriété collective (bled El Arch, bled Maghzen). Si la première était grevée d'un certain nombre de droits réels étrangers à nos conceptions juridiques et que nos colons ne tardèrent pas à connaître à leurs dépens, la seconde était soumise, prétendait-on, au profit de l'Etat, successeur des anciens maîtres du pays, à un droit de suzeraineté (domaine éminent) qui la rendait inaliénable. L'état d'indivision dans lequel se trouvaient l'une et l'autre compliquait encore la situation. Quantité de nouveaux venus, désireux de prendre pied dans un pays qu'ils jugeaient plein d'avenir, mais ignorant tout des us et coutumes locaux, manquant des données les plus élémentaires sur le statut réel et le statut personnel des indigènes, se pressaient d'acheter, croyant d'ailleurs à la bonne foi de leurs vendeurs et à la plénitude de leurs droits. Entre temps, la spéculation s'en était mêlée. Il ne

---

(1) **Extrait du Recueil général de jurisprudence, de doctrine et de législation coloniales et maritimes : *La Tribune des Colonies et des Protectorats*, fascicules de Août, Septembre-Octobre et Novembre 1909.**

s'était pas écoulé quinze ans depuis la conquête que le trouble était à son comble. Ce n'était de toute part que réclamations et procès ; les administrations, les tribunaux étaient sur les dents. Le chaos était tel que le législateur dut intervenir. Une ordonnance du 1er octobre 1844 régularisa ces acquisitions en bloc :

« Art. 1er. — Les ventes et autres actes translatifs de propriété, antérieurs à la présente ordonnance, consentis à des Européens, au nom de « propriétaires indigènes, et dans lesquels, sans mandat spécial, les cadis « auront stipulé pour des mineurs ou des absents, les maris pour leurs « femmes, les pères pour leurs enfants, gendres ou belles-filles, les frères « pour leurs frères, sœurs ou alliés au même degré, les chefs de famille « pour les membres de la famille placés sous leur protection, présents ou « absents, *ne pourront être argués de nullité* à raison de l'insuffisance des « pouvoirs des cadis, maris, pères, frères et chefs de famille, sauf le recours « des ayants droit, s'il y a lieu, contre ceux qui ont agi en leur nom.

« *Ne pourra être contestée la validité* des procurations écrites ou données « devant témoins, en vertu desquelles il aura été procédé aux ventes ci-« dessus, lorsque ces procurations auront été, avant la vente, reconnues « suffisantes et certifiées par le cadi. »

« Art. 3. — Aucun acte translatif de propriété d'immeuble, consenti par « un indigène au profit d'un Européen, *ne pourra être attaqué par le motif « que les immeubles étaient inaliénables aux termes de la loi musulmane.* »

L'art. 5 étendait même aux textes à venir les dispositions de l'art. 1er, § 2 et de l'art. 3 :

« Art. 5. — Le dernier paragraphe de l'art. 1er et les art. 2, 3 et 4 ci-« dessus sont applicables aux ventes antérieures à la présente ordonnance « *comme à celles qui auront lieu ultérieurement.* »

Une seconde ordonnance, du 21 juillet 1846, qui prescrivait la vérification des titres de propriété dans les territoires avoisinant les villes d'Alger, de Blidah, d'Oran, de Mostaganem et de Bône, s'occupa, dans le même sens, *des actes antérieurs* à la conquête et réunissant certaines conditions :

« Art. 8. — Le Conseil du contentieux déclarera réguliers en la forme les « titres remontant avec date certaine *à une époque antérieure au 5 juillet « 1830* et constatant le droit de propriété, la situation précise, la contenance « et les limites de l'immeuble. »

L'*amnistie foncière* accordée par ces deux actes régularisait le passé ; mais l'avenir restait avec les mêmes incertitudes, les mêmes embarras.

***

Vint quelques années après la loi du 16 juin 1851, que l'on a appelée « la Charte foncière » de l'Algérie. (Indépendamment du titre qu'elle consacrait à la propriété privée, elle constituait en principe le domaine national public et de l'État, ainsi que le domaine départemental et le domaine communal, et complétait les dispositions déjà prises par l'ordonnance du 1er octobre 1844 au sujet de l'expropriation pour cause d'utilité publique) :

« Art. 10. — La propriété est *inviolable*, sans distinction entre les pos-« sesseurs indigènes et les possesseurs français ou autres. »

« Art. 11. — *Sont reconnus, tels qu'ils existaient au moment de la con-« quête ou tels qu'ils ont été maintenus, réglés ou constitués postérieurement « par le gouvernement français, les droits de propriété et les droits de jouis-« sance* appartenant aux particuliers, aux tribus et aux fractions de tribus. »

En proclamant solennellement le grand principe de l'inviolabilité de la propriété, le législateur ne faisait, en somme, que *confirmer*, au regard des indigènes, l'engagement déjà pris par la France, lors de la capitulation d'Alger, de respecter les biens et la religion des vaincus. Il se contentait d'*affirmer les droits* du peuple arabe sur le sol algérien, *mais sans prescrire aucune mesure pour en déterminer la nature et l'étendue, sans édicter aucune disposition générale pour libérer la propriété indigène des droits parasitaires qui la grevaient et la rendaient presque partout inaliénable*. Par suite, les terres arabes devenaient tout aussi *inabordables* aux Européens que par le passé ; l'*insécurité* des transactions entre colons et indigènes se perpétuait.

Fort à propos d'ailleurs le nouveau texte reproduisait les termes de l'art. 3 de l'ordonnance du 1er octobre 1844 et élargissait encore le cadre de l'amnistie foncière, en validant — et nous appelons plus particulièrement l'attention sur ce point, — un certain nombre d'acquisitions *faites au détriment du domaine de l'Etat :*

« Art. 12. — *Sont validées vis-à-vis de l'Etat*, les acquisitions d'immeu-
« bles en territoire civil faites plus de deux années avant la promulgation
« de la présente loi *et à l'égard desquelles aucune action en revendication*
« *n'a été intentée par le domaine.* »

« Les actions en revendication d'immeubles acquis dans le cours des
« deux années antérieures à la promulgation de la présente loi devront,
« sous peine de déchéance, être intentées par le domaine dans le délai de
« deux ans à partir de ladite promulgation.

« Les deux paragraphes précédents sont applicables aux domaines acquis
« en territoire militaire avec autorisation (cette autorisation était indispen-
« sable pour acquérir en territoire de commandement) du gouvernement.

« Art. 17. — *Aucun acte translatif de la propriété d'un immeuble appar-*
« *tenant à un musulman au profit d'une autre personne qu'un musulman*
« *ne pourra être attaqué pour cause d'inaliénabilité fondée sur la loi mu-*
» *sulmane.*

« Toutefois, dans le cas de transmission par un musulman à toute autre
« personne d'une portion d'immeuble indivis entre le vendeur et d'autres mu-
« sulmans, l'*action en retrait*, connue sous le nom de *droit de* « *Cheffa* » dans
« la loi musulmane, pourra être accueillie par la justice française et le retrait
« autorisé ou refusé selon la nature de l'immeuble et les circonstances. »

***

On discutait depuis douze ans sur la signification des mots « bled el arch » (terre de tribu) et sur la valeur des prétentions que les Arabes pouvaient élever à la pleine propriété de ces terres et autres biens collectifs de culture détenus par eux. On parlait *du domaine éminent* dévolu sur ces terres au Sultan, suzerain du pays avant la domination française. Une lettre demeurée célèbre, adressée par l'Empereur au maréchal, duc de Malakoff, gouverneur général de l'Algérie, le 6 février 1863, vint trancher le débat en principe. Entre autres choses, il y était dit :

« ... *D'un autre côté, quand même* la justice ne le commanderait pas, *il*
« *me semble indispensable*, pour le repos et la prospérité de l'Algérie, *de*
« *consolider la propriété entre les mains de ceux qui la détiennent.* Com-
« ment, en effet, compter sur la pacification d'un pays, lorsque la presque
« totalité de la population est sans cesse inquiétée sur ce qu'elle possède ?
« Comment développer sa prospérité, lorsque la plus grande partie de son
« territoire est frappée de discrédit par l'impossibilité de vendre ou d'em-
« prunter? Aujourd'hui *il faut faire davantage :* convaincre les Arabes que
« nous ne sommes pas venus en Algérie pour les *opprimer et les spolier*,
« *mais pour leur apporter les bienfaits de la civilisation.* Or, *la première*
« *condition d'une nation civilisée, c'est le respect du droit de chacun.* — Le
« droit, m'objectera t-on, n'est pas du côté des Arabes. *Le Sultan était au-*
« *trefois propriétaire de tout le territoire et la conquête nous l'aurait trans-*
« *mis au même titre !* Eh quoi ! *l'Etat s'armerait des principes surannés du*

« *mahométisme*, pour dépouiller les anciens propriétaires du sol et, sur « une terre devenue française, *il invoquerait les droits despotiques du Grand* « *Turc!* Pareille prétention est exorbitante et voulut-on s'en prévaloir... « La loi de 1851 avait consacré les droits de propriété et de jouissance exis- « tant au moment de la conquête, *mais la jouissance mal définie est devenue* « *incertaine... Le territoire des tribus, une fois reconnu, on le divisera par* « *douars, ce qui permettra plus tard à l'initiative prudente de l'Aministra-* « *tion d'arriver à la propriété individuelle. Maîtres incommutables de leur* « *sol, les indigènes pourront en disposer à leur gré*, et de la multiplicité de « ces transactions naîtront entre eux et les colons des rapports journaliers, « plus efficaces pour les amener à notre civilisation que toutes les mesures « coërcitives... Voilà, Monsieur le Maréchal, la voie à suivre résoluement ; « car je le répète, l'Algérie n'est pas une colonie proprement dite, mais un « royaume arabe. Les indigènes ont, comme les colons, un droit égal à ma « protection, et je suis aussi bien l'empereur des Arabes que l'empereur « des Français... » (1).

Quelques mois après était promulgué le sénatus-consulte du 22 avril 1863, dont les deux premiers articles sont ainsi conçus :

« Art. 1er. — Les tribus de l'Algérie sont déclarées propriétaires des terri- « toires dont elles ont la jouissance permanente et traditionnelle, à quelque « titre que ce soit.

« Tous actes, partages ou distractions de territoires, intervenus entre « l'Etat et les indigènes relativement à la propriété du sol, sont et demeu- « rent confirmés. »

« Art. 2. — Il sera procédé administrativement et dans le plus bref délai :

« 1° *A la délimitation des territoires des tribus ;*

« 2° *A leur répartition entre les différents douars*, de chaque tribu du Tell « et des autres pays de culture, avec réserve des terres qui devront con- « server le caractère de *biens communaux ;*

« 3° A l'établissement de la propriété individuelle entre les membres de « ces douars, partout où cette mesure sera reconnue possible et oppor- « tune... »

Le grand pas était fait. Désormais *plus de discussion possible sur la nature des droits des indigènes ; le prétendu domaine éminent* avait vécu, si tant est qu'il ait jamais existé ; l'art. 1er, en attribuant aux Arabes la pleine propriété des territoires occupés par eux, le réduisait à néant. Quant à l'étendue de ces droits, l'art. 2 permettait de la déterminer.

Enfin la terre allait appartenir à qui la vivifiait. Mais il y a souvent loin de la coupe aux lèvres, de la déclaration de principe à la réalisation.

Il fallait d'abord, avant d'arriver à la constitution de la propriété individuelle, qui était le but ultime du Sénatus-consulte, procéder aux deux premières opérations prévues par l'art. 2 susvisé :

« L'objet principal du Sénatus-consulte, c'est la constitution de la propriété « individuelle ; *mais elle ne peut avoir lieu qu'à la suite d'opérations suc-* « *cessives, dont la première est la délimitation des territoires des tribus.* En « effet, si l'on ne commençait point par fixer les limites de ces territoires,

(1) N. DE LA R. : La lettre éloquente que nous venons de rapporter, vrai programme de colonisation, mériterait bien d'être méditée par notre administration coloniale ; les principes qu'elle énonça, mis en pratique dans celles de nos colonies nouvelles où le droit de l'indigène à la terre qu'il cultive est si méconnu, peuvent seuls, à notre point vue, non seulement nous gagner la gratitude de l'indigène, mais surtout nous éviter la nécesité de sévir lors de révoltes toujours à redouter. Cette simple reconnaissance du droit de l'indigène aux terres occupées, admise par un texte légal, vaudrait mieux à lui tout seul que la multiplicité des décrets et arrêtés destinés à organiser nos possessions coloniales.

« on s'exposerait à donner aux membres d'une tribu des terrains qui appar « tiendraient à ceux des tribus voisines... On procédera ensuite à *la distrac-* « *tion des biens domaniaux* et des biens melk (propriétés privées). *Aussitôt* « *après aura lieu la répartition du territoire ainsi délimité entre les douars,* « *Cette répartition est d'une nécessité absolue.* Le douar c'est la commune ; « il a son administration spéciale, son champ de culture, son fonds com- « mun et même quelquefois des coutumes particulières... »

(Rapport du général Allard au Sénat).

Dès le 23 mai 1863 un décret portant règlement d'administration publique déterminait : 1° les formes de la délimitation des territoires des tribus ; 2° les formes et les conditions de leur répartition entre les douars ; 3° les formes et les conditions dans lesquelles la propriété individuelle devait être établie et le mode de délivrance des titres.

En voici les dispositions essentielles :

« Art. 4. — Les commissions procéderont immédiatement sur les lieux, « d'après les éléments fournis par les sous-commissions, à la reconnais- « sance des limites du territoire de chaque tribu, en présence des repré- « sentants de la tribu et de ceux des tribus limitrophes.

« Elles indiqueront ces limites dans un mémoire descriptif, qui mention- « nera toutes les observations des intéressés, et auquel seront annexés les « plans ou croquis visuels qui seraient nécessaires pour l'intelligence des « opérations ou contestations.

« Art. 5. — Les commissions statueront sur toutes les contestations aux- « quelles pourraient donner lieu les opérations de la délimitation, sous la « réserve des droits du domaine pour les biens « beylich » et des droits « particuliers pour les biens « melk » ...

« Art. 6. — Les commissions feront établir des bornes sur les points où « les limites ne seraient pas suffisamment indiquées sur le sol d'une ma- « nière durable. Le bornage sera constaté par un procès-verbal qui sera « présenté à la signature des représentants indigènes.

« Art. 7. — La délimitation ne sera définitive que lorsqu'elle aura été « sanctionnée par des décrets rendus sur la proposition du Gouverneur « général et sur le rapport du ministre de la guerre.

« Art. 8. — La délimitation du territoire de la tribu étant accomplie, les « commissions procéderont immédiatement, dans le Tell et dans les autres « pays de culture, à la répartition du territoire de cette tribu entre les « douars qui s'y trouvent compris et à la délimitation de chacun de ces « douars.

« Art. 9. — La commission opérera la délimitation des douars de la tribu « dans les formes prescrites par les art. 4, 5 et 6 du titre précédent, en pré- « sence des représentants de la tribu et des douars intéressés.

« Il sera fait réserve des terres de la tribu qui devront conserver le carac- « tère de biens communaux...

« Art. 10. — Dans les deux mois de la publication prescrite par l'art. 1er « du présent décret (les décrets, désignant les territoires à soumettre aux « opérations du Sénatus-consulte, devaient être insérés dans le Bulletin « officiel du Gouvernement et dans le *Mobacher*, moniteur en langue arabe, « affichés dans les chefs-lieux de subdivision et de cercle et publiés dans les « marchés et dans les tribus intéressées. *Cette publication constituait une* « *mise en demeure pour le domaine*, en ce qui concernait les *biens « beylick »*, « pour les propriétaires de biens « melk », pour les tribus et pour les « douars, une mise en demeure de prendre toutes les mesures conserva- « toires de leurs droits), les propriétaires de biens « melk » et le service « des domaines, en ce qui concerne les biens « beylick » situés sur le ter- « ritoire de la tribu ou des douars, devront, à peine de déchéance, former « leurs revendications devant le président de la commission...

« Il sera dressé un état des propriétés « melk » et « beylick » qui auront « été revendiquées, indiquant leurs limites, leurs dénominations particu- « lières, les noms des auteurs de la revendication et les faits invoqués à « l'appui. A cet état seront annexés les plans ou croquis visuels qui seraient « jugés nécessaires.

« Art. 11. — Les revendications seront immédiatement communiquées « aux représentants des tribus et des douars intéressés, qui devront, dans « le délai d'un mois à partir de cette communication, sous peine de dé- « chéance, faire opposition à celles des revendications qu'ils ne croiraient « pas fondées.

« Ce délai expiré sans opposition, les biens « melk » et les biens « bey- « lick » seront acquis aux auteurs de la revendication.

« En cas d'opposition, le revendiquant devra, à peine de nullité, former « la demande en justice dans le mois qui suivra la communication qui lui « aura été faite de cette opposition.

« Art. 12. — Les contestations auxquelles donneraient lieu les revendi- « cations des biens « melk » et « beylick » seront, à la diligence des parties « intéressées, portées devant la juridiction compétente.

« L'appel sera porté devant la Cour impériale d'Alger.

« Art. 13. — ... Les opérations ne seront définitives que lorsqu'elles au- « ront été sanctionnées par des décrets rendus sur la proposition du Gou- « verneur général et sur le rapport du ministre de la guerre.

« Art. 14. — Une expédition de ces décrets sera, à la diligence de l'Ad- « ministration, enregistrée gratis et transcrite sur un registre spécial au « bureau des hypothèques du chef-lieu de la province.

« Art. 15. — Le service des contributions directes établira, d'après ces dé- « crets et les décisions judiciaires intervenues, *la matrice foncière* du terri- « toire de chaque douar, comprenant :

« 1° Les biens « beylick » ;
« 2° Les biens « melk » ;
« 3° Les biens communaux ;
« 4° Les biens collectifs de culture. »

Les biens communaux attribués aux douars à la suite de la répartition faite en vertu de l'art. 2 n° 2 du Sénatus-consulte, se trouvant désormais libres de toute entrave et parfaitement disponibles, la vente pouvait en être consentie soit à l'Etat, soit à des particuliers. Les art. 16 à 22 règlent les conditions dans lesquelles ces aliénations devaient être faites.

C'était, au point de vue plus spécial qui nous occupe du *libre accès des terres arabes aux Européens et de la sécurité* des contrats immobiliers entre colons et indigènes, une première et très heureuse conséquence des opérations préalables à la constitution de la propriété individuelle.

Un autre résultat non moins heureux des opérations de répartition, c'était, dans le même sens, *la détermination exacte des biens domaniaux,* qu'il devenait possible d'utiliser au profit de la colonisation, en parfaite connaissance de cause et sans crainte d'erreur, à partir de la transcription à la conservation des hypothèques des décrets attributifs :

« Art. 25. — Lorsqu'un décret impérial aura désigné les douars dans les- « quels la propriété individuelle devra être constituée, il y sera procédé « immédiatement par les commissions et sous-commissions administra- « tives.

« Art. 26. — Les commissions prépareront sur les lieux, d'après les élé- « ments fournis par les sous-commissions et de concert avec les djemaas « *(conseils municipaux indigènes)* de chacun des douars, un *projet d'allo- « tissement* du territoire à partager entre les familles ou les individus, *en « tenant compte, autant que possible, de la jouissance antérieure*, des cou- « tumes locales et de l'état des populations.

« Art. 27. — Le projet d'allotissement mentionnera : 1° les noms des « familles ou individus au profit desquels on propose d'attribuer la pro- « priété ; 2° la contenance et l'indication des lots.

« Ce projet sera remis aux djemaas de chaque douar, dans lesquels il « restera déposé pendant un mois et qui devront le communiquer aux inté- « ressés et recevoir leurs observations.

« Il sera en outre déposé au chef-lieu du cercle et publié dans les mar- « chés.

« Art. 28. — Les commissions statueront sur les réclamations auxquelles « pourrait donner lieu le projet d'allotissement.

« Art. 29. — Lorsque les parties seront d'accord ou après qu'il aura été « statué sur les réclamations, il sera fait, aux frais des parties intéressées, « un bornage des lots...

« La constitution définitive de la propriété individuelle dans chaque douar « ne sera définitive que lorsqu'elle aura été sanctionnée par les décrets ren- « dus sur la proposition du Gouverneur général et sur le rapport du minis- « tre de la guerre.

« Art. 30. — Le service des contributions diverses établira, d'après ces « décrets, *la matrice foncière* indiquant le numéro de chaque propriété, sa « situation, sa dénomination et le nom de son propriétaire.

« Art. 31. — *Des titres*, établis d'après les indications de la matrice fon- « cière et dans la forme déterminée par l'administration, *seront délivrés* « *aux propriétaires.*

« Ces titres seront soumis au droit fixe d'enregistrement et transcrits au « bureau des hypothèques du chef-lieu de la province.

« Art. 32. — *Sont nuls tous actes d'aliénation consentis par des particu-* « *liers portant sur des immeubles dont la propriété individuelle n'aurait* « *pas été préalablement constatée par la délivrance des titres...*

« Art. 33. — *Les frais de bornage des tribus et des douars, les frais de* « *justice auxquels seraient condamnés les tribus ou les douars*, par suite des « contestations prévues par l'art. 12 du présent décret, *seront à la charge* « *des tribus ou des douars intéressés* et supportés par les contribuables de « ces tribus ou de ces douars au prorata du montant de leurs impôts... »

L'œuvre entreprise était considérable ; aussi, malgré l'activité qu'on y dépensa, c'est à peine si, lorsque survinrent les douloureux événements de 1870, la moitié des tribus à Sénatus-consulte avaient été soumises aux opérations de délimitation et de répartition prévues par l'art. 2, n°s 1 et 2, de l'acte du 22 avril 1863. Nulle part la constitution de la propriété individuelle que prévoyait le n° 3 dudit article *n'avait été abordée* dans les tribus à terres collectives de culture. Le Sénatus-consulte ne s'était, du reste, pas occupé des territoires où la propriété individuelle existait déjà (territoires et terres melk) et où il n'y avait qu'à la constater ; les propriétaires y restaient avec leurs actes imparfaits (quand ils en avaient) et leur statut réel, ce qui n'était pas sans danger pour l'Européen ayant à traiter avec eux.

***

Les opérations relatives à la propriété, que la guerre avait interrompues, reprirent en 1873 avec la loi du 28 juillet. Le but que s'est proposé cette loi, dit l'exposé des motifs, de celle complémentaire du 28 avril 1887, et l'œuvre dont elle a voulu l'accomplissement peuvent être précisés ainsi : Mettre la propriété indigène sous le régime de la loi française, reconnaître et constater les droits individuels dans les territoires de propriétés privées, constituer la propriété individuelle dans les territoires collectifs ; dans l'un comme dans l'autre cas, délivrer aux ayants droit *des titres formant le point de départ unique de la propriété ;* enfin, à titre de mesure transitoire, faciliter la transmission aux Européens des biens de propriété privée, au moyen d'une purge spéciale permettant de délivrer à l'acquéreur un titre de propriété français, sans attendre l'exécution des opérations d'ensemble sur le territoire de l'immeuble :

« Art. 1er. — L'établissement de la propriété immobilière en Algérie, sa « conservation et la transmission contractuelle des immeubles et droits « immobiliers, quels que soient les propriétaires, *sont régis par la loi fran- « çaise.*

« En conséquence, *sont abolis tous droits réels, servitudes ou causes de « résolution quelconques fondés sur le droit musulman ou kabyle* qui seraient « contraires à la loi française.

« Le droit réel de chefâa ne pourra être opposé aux acquéreurs qu'à titre « de retrait successoral par les parents successsibles d'après le droit mu- « sulman et sous les conditions prescrites par l'art. 841 du Code civil.

« Art. 2. — Les lois françaises, et notamment celle du 23 mars 1855 sur « la transcription seront appliquées aux transactions immobilières...

« Art. 3. — Dans les territoires où la propriété collective aura été cons- « tatée au profit d'une tribu ou d'une fraction de tribu, par application du « Sénatus-consulte du 22 avril 1863 ou de la présente loi, la propriété indi- « viduelle sera constituée par l'attribution d'un ou plusieurs lots de terre « aux ayants droit et par la délivrance de titres opérée conformément à « l'art. 19 ci-après.

« La propriété du sol ne sera attribuée aux membres de la tribu que dans « la mesure des surfaces dont chaque ayant droit a la jouissance effective ; « le surplus appartiendra soit au douar comme bien communal, soit à l'Etat « comme bien vacant ou en déshérence, par application de l'art. 4 de la loi « du 16 juin 1851.

« Dans tous les territoires autres que ceux mentionnés au paragraphe 2 « de l'article précédent (les territoires exceptés sont ceux où il avait été « déjà procédé soit à la reconnaissance de la propriété par voie de vérifica- « tion des titres en vertu de l'ordonnance du 21 juillet 1846, soit au canton- « nement des indigènes), lorsque l'existence de droits de propriété privée « non constatés par acte notarié ou administratif aura été reconnue par « application du titre II ci-après, des titres nouveaux seront délivrés aux « propritaires.

« Tous les titres délivrés formeront, après transcription, le point de dé- « part unique de la propriété à l'exclusion de tous autres.

« Art. 7. — Il n'est point dérogé par la présente loi au statut personnel « ni aux règles de succession des indigènes entre eux. »

Les articles 8 à 19 fixent la procédure à suivre pour la constatation de la propriété privée en territoire « melk » : Désignation des circonscriptions territoriales à soumettre aux opérations par arrêtés du Gouverneur général, insérés dans les journaux, affichés et publiés, *pour valoir mise en demeure aux intéressés* ; — Nomination d'un commissaire enquêteur chargé de rechercher et de recueillir tous titres et renseignements relatifs aux droits à constater ; — Transport sur les lieux du commissaire enquêteur assisté d'un *géomètre*, après avis préalable publié et affiché ; — En présence du maire, de deux conseillers municipaux et de deux membres de la djemâa, réception par le commissaire enquêteur de tous actes (à provenir des cadis ou autres détenteurs), de toutes demandes, requêtes, témoignages et pièces justificatives concernant la propriété ou la jouissance du sol ; — Application sur le terrain des actes et indications fournis ; Procès-verbal des résultats de l'enquête ; — Dépôts entre les mains du juge de paix ou, à défaut, du maire ou de l'administrateur, du double de ce procès-verbal ; — Remise d'une traduction au président de la djemâa, de l'adjoint ou du cadi ; — Insertion et publication pour provoquer les contredits de tous les intéressés ; — A l'expiration des délais fixés, nouveau transport du commissaire enquêteur pour vérifier les contredits, les concilier, si possible, et arrêter ses conclusions ; — Etablissement de titres provisoires par le service des domaines, d'après ces conclusions, *avec plans* à l'appui ; — Insertions et publications des attributions provisoires ainsi faites avec fixation d'un délai pour les contester ; — Transcription aux hypothèques des titres non contestés et devenus définitifs, — et, plus tard, de ceux maintenus ou rétablis, à la suite des décisions judiciaires statuant sur les contestations ; — Obligation à tout créancier hypothécaire ou tout prétendant à un droit réel sur un immeuble de faire inscrire ou transcrire ses titres, à peine de déchéance, avant la transcription du titre français. *En un mot, toute la série des formalités prévues dans l'Act Torrens pour la purge initiale aboutissant à l'établissement du titre foncier, point de départ de la propriété unique*, sauf la substitution du registre hypothécaire français au registre foncier australien.

Combien l'on peut regretter que le législateur de 1873, rompant avec la déplorable loi du 23 mars 1855 sur la transcription hypothécaire et le titre 18 du Code civil relatif aux privilèges et hypothèques, n'ait pas eu la hardiesse de se rallier à la doctrine de l'Act Torrens, que les Prussiens, mieux avisés, venaient d'adopter par leur loi du 5 mai 1872 !

Les art. 20 à 23 règlent la procédure à suivre pour la constitution de la propriété individuelle dans les territoires occupés par les tribus ou par les douars à titre collectif. Cette procédure, beaucoup plus simple que la précédente, ne comporte qu'un seul transport du commissaire enquêteur sur les lieux, pour la constatation des faits de jouissance devant servir de base aux titres de propriété. Le procès-verbal du commissaire enquêteur, avec plans parcellaires et registre terrier à l'appui, est soumis, pour homologation, au Gouverneur-général ; après quoi les titres sont établis par le service des domaines.

« Art. 24. — *Les dépenses de toute nature nécessitées* par la constatation « et la constitution de la propriété individuelle indigène, sont, dans chaque « département, à *la charge du budget des centimes additionnels des tribus*.

« Art. 25. — A partir de la promulgation de la présente loi et jusqu'à la « délivrance des titres provisoires énoncés à l'art. 17 (constatation de la *pro-« priété Melk*). toute transmission d'immeubles indigènes à des *Européens* « devra être signifiée à l'Administration des domaines, en vue de l'obtention « ultérieure d'un titre français après l'accomplissement des formalités sui-« vantes :

(Acte de vente à passer devant *notaire*, à soumettre ensuite à la transcription ; — Extrait de cet acte à insérer dans les journaux et à transmettre au Parquet pour l'affichage et les publications à faire dans les tribus, *en vue de provoquer les contredits* de toutes parties intéressées ; — Sur le vu d'un certificat négatif de contestation délivré par le Procureur de la République, le service des domaines établit le titre qui est mentionné en marge de la transcription de l'acte notarié et annexé ensuite à ce dernier. En cas de contestation, le litige est soumis aux tribunaux et ce n'est qu'après une solution favorable à l'acquéreur que le titre français est établi et mentionné comme ci-dessus (art. 26 à 30).

***

Excellente en principe, la loi de 1873 se révéla bien vite insuffisante dans son application. Elle avait omis notamment de régler la procédure dans les territoires où le Sénatus-consulte n'avait pas encore été exécuté ; *c'était autant de portes fermées aux colons. La faculté accordée aux Européens* d'acheter des terres indigènes avant la fin des opérations d'ensemble, en observant toutefois certaines formalités (voir art. 25 ci-dessus), *ne s'appliquait qu'aux immeubles possédés à titre « melk » et non aux terres collectives de culture ; encore une ressource de moins pour la colonisation.* Certains délais prévus par les procédures de constatation et de constitution de la propriété individuelle étaient reconnus trop longs, d'autres trop courts. L'indivision extrême qui grevait la propriété indigène, à ce point que, pour une parcelle de médiocre valeur, il y avait souvent 100, 200 et même jusqu'à 400 ayants droit, rendait maintes fois les immeubles impartageables, etc., etc.

Une révision du texte de 1873 s'imposait. Elle fut réalisée par la loi du 28 avril 1887. L'exposé des motifs précise en ces termes les améliorations que, de l'avis de tous, il convenait d'introduire dans la législation foncière du pays :

1° Exécution préalable, dans les tribus qui n'ont pas été soumises à l'application du Sénatus-consulte du 22 avril 1863, des opérations de délimitation et de répartition prévues par les paragraphes 1 et 2 de l'art. 2 de cet acte législatif ;

2° En cas d'indivision entre plusieurs familles, répartition à faire entre elles, avant la délivrance des titres, des immeubles commodément partageables ;

3° Suppresssion du ministère des cadis et application des formes et conditions de la loi française pour les cessions, licitations et partages de droits successifs portant sur les immeubles soumis à cette loi ;

4° Abréviation des délais prévus par la loi du 26 juillet 1873 pour les réclamations et les contestations ;

5° Prorogation du délai accordé aux tiers pour faire inscrire et transcrire leurs titres aux hypothèques lors de l'établissement des titres de propriété à délivrer aux indigènes ;

6° *Bornage de l'immeuble dans le cas de vente faite à des Européens*, en exécution des dispositions transitoires de la loi ;

7° *Organisation d'un système d'enquêtes partielles permettant d'aliéner, au profit des Européens, les immeubles dépendant des territoires de la propriété collective*, avant l'exécution, sur ces territoires, des opérations d'ensemble prescrites par la loi ;

8° Etablissement d'une procédure spéciale et peu coûteuse, destinée à favoriser, une fois la propriété individuelle constituée, le partage des immeubles restés indivis ;

9° Modification des voies et moyens et des ressources financières affectées aux travaux de constitution de la propriété indigène.

Nous ne rappellerons du texte que les dispositions qui nous intéressent plus particulièrement :

« Art. 2. — Il sera procédé administrativement et dans le plus bref délai,
« suivant les formes et conditions qui seront déterminées par un décret,
« *aux opérations de délimitation et de répartition* prévues par les paragra-
« phes 1 et 2 du Sénatus-consulte du 22 avril 1863 dans toutes les tribus
« où ces opérations n'ont pas déjà été exécutées.

« Art. 6. — Les formalités spéciales prescrites par les art. 25, 26, 27, 28
« et 30 de la loi du 26 juillet 1873 pour la *transmission par les indigènes à*
« *des Européens d'immeubles constituant des propriétés privées*, au cas où la
« transmission aurait lieu avant la délivrance des titres, sont ainsi modi-
« fiées :

« Le contrat sera reçu par un *notaire* (la loi de 1873 ne l'indiquait pas
« nettement) ; un plan indiquant les tenants et aboutissants de l'immeuble
« vendu y sera annexé. Un extrait de ce même contrat sera remis à l'Admi-
« nistration des domaines.

« Pareil extrait, avec une copie du plan, sera déposé au greffe de la jus-
« tice de paix de la situation des biens, en vue du *bornage* de l'immeuble.

« L'acquéreur devra consigner au greffe une somme égale au montant
« des frais présumés des opérations ci-après indiquées :

Suit le détail des opérations du bornage qui se font par les soins du juge de paix dans les conditions ordinaires de publicité, pour permettre à tous les intéressés de faire valoir leurs droits, le domaine compris.

« A défaut de réclamation ou revendication, le certificat négatif prévu « par l'art. 30 (de la loi de 1873) sera délivré par le juge de paix.

« Au vu du certificat négatif délivré par le juge de paix, l'Administration « des domaines délivrera les titres de propriété, comme il est dit à l'art. 30 « de la loi de 1873, et le service des contributions directes sera tenu d'éta- « blir, au vu de ces titres, la *matrice foncière*.

« Art. 7. — *Les immeubles dépendant des territoires de propriété collec-* « *tive*, où les opérations prescrites par le chapitre II du titre II de la loi du « 26 juillet 1873 n'ont pas encore été commencées, *pourront donner lieu à* « *des promesses de vente au profit des Européens* à la charge *par l'un des* « *contractants* de se mettre en instance, dans le délai de trois mois, pour « obtenir de l'Administration la délivrance d'un titre de propriété. *Passé ce* « *délai*, faute de requête en délivrance de titre, *la promesse de vente sera* « *nulle* de plein droit.

« Art. 8. — La requête en délivrance de titre sera appuyée d'un extrait « *du contrat notarié*, du plan de l'immeube et de la *consignation des frais*.

Suit le détail de l'opération, comportant le bornage et la reconnaissance, par l'administrateur local, de la parcelle à vendre et l'accomplissement des formalités ordinaires de publicité.

« Art. 10. — L'homologation du procès-verbal de ladite enquête et l'éta- « blissement des titres auront lieu dans des conditions déterminées par « l'art. 20 de la loi du 26 juillet 1873 et par la loi du 14 juillet 1879.

« Le service des contributions directes sera tenu d'établir, au vu des « titres, *la matrice foncière* de l'immeuble.

« Art. 21. — *Les frais occasionnés par les opérations de délimitation et de* « *répartition* des territoires des tribus seront portés en dépense au compte « spécial. « Avances au service de la propriété individuelle en Algérie » « ouvert par l'art. 1er de la loi du 28 décembre 1884. »

Il devait être pourvu au remboursement de ces avances au *moyen de centimes additionnels* à l'impôt arabe, à la charge des douars et tribus, ou de sommes à verser par l'Etat ou les communes au prorata des superficies qui leur étaient attribuées en suite des opérations générales ci-dessus.

Un décret du 22 septembre 1887, rendu en exécution de l'art. 11 de la loi du 28 avril de la même année, a déterminé la procédure à observer pour la double opération de délimitation et de répartition. C'est, avec de légères modifications, celle qu'avait prévue le Sénatus-consulte de 1863. La principale innovation consiste dans la substitution de commissaires délimitateurs aux anciennes sous-commissions chargées des opérations sur le terrain.

Nous n'en reproduirons textuellement qu'un article, qui remanie la partie correspondante du Sénatus-consulte en désignant avec plus de précision les différents groupes à comprendre dans la répartition :

« Art. 8. — Il sera procédé, par le commissaire délimitateur, conformé- « ment aux décisions de la commission administrative (siégeant au chef-lieu « de chaque département et chargée d'arrêter définitivement les résultats « du travail préparatoire de délimitation des territoires des tribus) et, en « présence des djemâas intéressées à la répartition du territoire de la tribu « entre les douars, à la délimitation de chaque douar, ainsi qu'à la délimita- « tion et au classement des divers groupes de propriété, suivant les dis- « tinctions ci-après et sous les réserves exprimées à l'art. 15 (relatif aux « droits et actions des propriétaires et des tiers à l'égard des immeubles « soumis à la loi française qui se trouveront compris dans les groupes déli- « mités par les commissaires délimitateurs) :

« 1° Immeubles appartenant *au domaine de l'Etat* à un titre autre que « celui des biens vacants et sans maître ou en déshérence;

« 2° Immeubles affectés à des services communaux ;
« 3° Groupes de terres occupées par les indigènes à titre de *propriété* « *privée*, devant être soumis ultérieurement aux opérations de constatation « prévues par le chapitre Ier du titre II de la loi du 26 juillet 1873, sous « toutes réserves en ce qui concerne les parcelles de ces groupes suscep- « tibles d'être attribués, lors desdites opérations, soit au douar comme « biens communaux, soit à l'Etat comme biens vacants ;
« 4° Groupes de terres occupées par les indigènes à titre de *propriété col-* « *lective* devant être soumis ultérieurement aux opérations de constitution « de propriété individuelle prévues par le chapitre II du titre II de la loi « susvisée, sous toutes réserves également en ce qui concerne les parcelles « de ces groupes susceptibles d'être attribuées, lors desdites opérations, « soit au douar comme biens communaux, *soit à l'Etat comme biens va-* « *cants ;*
« 5° Immeubles dépendant du domaine public.
« La délimitation de ces derniers immeubles pourra être réservée pour « être effectuée, lors des opérations de constatation ou de constitution de « propriété à exécuter par application de la loi du 26 juillet 1873. »

***

La reprise des opérations générales de délimitation et de répartition des territoires des tribus et la continuation des opérations d'ensemble de constatation et de constitution de la propriété individuelle, représentaient encore, malgré le travail déjà fait, une œuvre de longue haleine et des plus coûteuses.

Les requêtes partielles auxquelles il avait été procédé depuis la loi de 1873 avaient suggéré l'idée qu'on pourrait s'en tenir à des opérations isolées, sans recourir à celles d'ensemble, et cela avec d'autant plus de raison que, dans les territoires possédés à titre collectif, *il suffirait d'une seule demande d'enquête partielle pour rendre nécessaire l'établissement d'un plan parcellaire* s'appliquant à tout l'immeuble et pouvant dès lors servir à toutes les opérations ultérieures de même nature. Etant donné le caractère *familial* de la possession, surtout dans les terres collectives, on pouvait d'ailleurs s'arrêter dans l'échelle de l'indivision et de la constatation de la jouissance au groupe familial, *sans descendre toujours à l'individu*. Il parut que de ce double chef le travail de la propriété individuelle pouvait être notablement simplifié et se poursuivre dans des conditions moins onéreuses et plus expéditives.

L'état économique des indigènes, en progrès continuel à notre contact, semblait, d'autre part, suffisamment avancé pour justifier l'extension à nos sujets algériens du bénéfice du titre français réservé jusqu'alors aux seuls Européens.

Le moment paraissait même être venu de refondre en un seul tous les textes relatifs à la propriété indigène ; un rapport avait été déposé dans ce sens au Sénat. Mais l'importance du projet faisant craindre qu'une trop longue discussion devant les Chambres ne permît pas de donner assez prompte satisfaction aux réclamations les plus pressantes, on dut se borner à en extraire les dispositions principales qui sont devenues la loi du 16 février 1897.

Avant de passer au texte de cette loi, il nous est agréable de reproduire quelques-unes des observations présentées à la Chambre par le rapporteur, M. Pourquery de Boisserin, au nom de la Commission :

« Il est incontestable que la constitution de la propriété individuelle serait chose désirable et propre à améliorer l'état social des indigènes ; mais il est des progrès qui ne s'imposent pas, qui ne sauraient se réaliser en dehors d'une transformation des idées, des besoins et des moyens de satisfaire à ces besoins. Les indigènes sont malheureusement encore bien loin de cette transformation ; il faut tenir compte de cet état de chose. Si donc on voulait constituer la propriété indigène, il semble qu'il *serait pratique de la mettre au nom du chef de famille* (en ajoutant au besoin « et consorts ») *et de ne plus entrer dans les attributions de détail entre les membres de la famille* soit par la constatation des droits indivis de chacun de ses membres, soit par le partage de la terre au prorata de ses droits. Les indigènes pourraient ainsi, jusqu'à l'échéance d'une licitation ou d'un partage — *qu'il conviendrait de régler pratiquement et à moins de frais* — exploiter leurs terres d'une façon qui ne soit pas trop souvent, comme aujourd'hui, en contradiction avec les titres délivrés par l'Administration..... Nous ne voyons pas d'ailleurs d'intérêt réel, *et nous voyons, au contraire, des inconvénients* à ce que la terre possédée à la mode indigène, sous le statut successoral musulman, *soit francisée en la forme* par le titre administratif qui la constate et par les obligations que ce titre impose, *en dehors d'une manifestation de la volonté du propriétaire*. Il nous paraît donc *qu'il y a lieu de ne pas conserver, pour les terres destinées à rester en la possession des indigènes*, le système de la constitution de la propriété par la voie de l'enquête *portant sur le territoire entier* d'un même douar, même en le modifiant par l'adoption du groupe familial. Ce système, ou pour mieux dire un système qui permettrait *de constituer la propriété sur un ensemble de terrains appartenant à plusieurs familles*, ne devrait être maintenu dans la législation que pour le cas où un intérêt général (création d'un centre de colonisation, délimitation d'une forêt domaniale ou ayant appartenu à l'Etat, etc.) justifierait une opération d'ensemble plus rapide et moins coûteuse. En dehors de ces cas, *cette constitution de propriété ne devrait être opérée que sur la requête des intéresssés*, les plus larges facilités étant d'ailleurs accordées à ceux-ci pour la requérir.

« Tout en reconnaissant qu'il y avait lieu, dans l'intérêt de la colonisation, d'abaisser la barrière qu'opposait aux transactions l'interdiction d'aliéner qui pèse sur les terres « arch », le législateur de 1887 a entouré de prudentes réserves la concession qu'il devait faire à cette nécessité : des aliénations peuvent être consenties par les indigènes, *mais à des Européens seulement*, et elles sont subordonnées à une enquête destinée à bien constater les droits des vendeurs. *Il faut aller plus loin :* c'est ce que fait le projet actuellement à l'étude. Tout indigène, qu'il veuille vendre à un Européen ou à un autre indigène, qu'il veuille seulement contracter un emprunt en gardant la terre qu'il offre en gage, ou même qu'il ne se propose ni l'une ni l'autre de ces opérations et qu'il veuille seulement posséder un terrain avec les garanties qu'offre le titre français, tout *indigène pourra obtenir*, après enquête, la délivrance d'un titre, constatant son droit de propriété en « arch » aussi bien qu'en « melk »...

« Il faut bien reconnaître, d'ailleurs, qu'à l'heure actuelle, avec l'extension qu'a reçue la colonisation, en présence du besoin de transactions de plus en plus fréquentes qui met les Européens en contact avec les indigènes de tous les territoires, étant donné aussi le progrès que nous cherchons à développer dans l'état économique des indigènes, *le régime spécial des terres « arch » doit, dans un intérêt général, disparaître le plus rapidement possible*... Mais il n'est pas nécessaire, pour obtenir une solution satisfaisante, de procéder comme le voulaient ces lois (26 juillet 1873 et 28 avril 1887), par de vastes et coûteuses opérations aboutissant à la délivrance des titres administratifs de propriété pour toutes les terres d'un domaine. *Il existe un moyen plus pratique d'aboutir. Il suffirait d'opérer sur tous les territoires « arch » le levé d'un plan parcellaire*, au cours de l'exécution duquel l'administration s'appliquerait à établir l'ordre dans les occupations territoriales, conformément aux droits que la jouissance effective doit assurer à chacun. Les réclamations rencontrées dans cette opération seraient toutes immédiatement tranchées par le Gouverneur statuant en Conseil de gouvernement après avis des djemaâs. L'arrêté du Gouverneur Général prononçant l'homologation du plan parcellaire disposerait en même temps que l'interdiction d'aliéner est levée dans le territoire, que les transactions y sont désormais soumises au droit commun. Ce serait la transformation du territoire « arch » en territoire « melk », l'autorité judiciaire deviendrait *ipso facto* seule compétente pour connaître des contestations ultérieures... »

Passons à la loi :

« Art. 1. — Les procédures soit d'ensemble, soit partielles, instituées » par les titres II et III de la loi du 26 juillet 1873 et par la loi du 28 avril « 1887 pour la constatation de la propriété privée et la constitution de la « propriété individuelle sont et demeurent abrogées.

« Néanmoins, les opérations commencées en exécution de ces deux lois « pourront être continuées jusques et y compris la délivrance des titres de « propriété.

« *Il pourra être procédé aux opérations d'acquisition* ou d'échange de « plusieurs parcelles, soit par l'Etat, soit par les *particuliers*, conformé- « ment à la procédure d'*enquête partielle* prévue par la présente loi.

« Art. 2. — Les titres délivrés par l'Administration des domaines à la « suite des procédures édictées par la présente loi, *assureront à l'égard de* « *tous la propriété entre les mains des bénéficiaires de ces titres : tous les* « *droits réels non légalement maintenus* à la suite de ces procédures, *sont* « *définitivement abolis*, quelles que soient la nature et la date de l'acte cons- « tatant ces droits. »

« Art. 3. — A compter de la délivrance de ces titres, les immeubles aux- « quels ils se réfèrent, *quels que soient leurs propriétaires*, seront soumis « à toutes les prescriptions de la loi française, sauf les exceptions prévues « aux articles 16, 17 et 18 ci-après.

« Art. 4. — Dans tout territoire compris dans le périmètre d'application « de la présente loi, tel qu'il est déterminé par l'article 12 ci-après, *les pro-* « *priétaires comme les acquéreurs, sans distinction de nationalité ni d'ori-* « *gine, pourront toujours prendre l'initiative des procédures organisées par* « *la présente loi*, afin d'obtenir la délivrance des titres de propriété ci-des- « sus indiqués. »

Suivent les règles de la procédure à observer.

Art. 5. — Dépôt de la demande, — renseignements qu'elle doit contenir. Consignation des frais.

Art. 6. — Transport sur le terrain de l'agent chargé de l'enquête, bornage, levé de plan — avis au requérant et au domaine — insertion au Journal Officiel, publication et affichage, pour valoir mise en demeure aux intéressés.

Art. 7. — Etablissement du rapport du commissaire enquêteur — traduction — dépôt à la mairie et à l'adjoint indigène. — Avis aux intéressés par voie d'affichage. — Fixation du délai pour les dires et réclamations.

Art. 8. — Second transport de l'agent enquêteur. Rédaction d'un procès-verbal définitif, *avec obligation de signaler d'office les droits pouvant revenir à l'Etat sur l'immeuble enquêté.*

Art. 9. — Envoi du dossier au Domaine pour l'établissement du titre, après mainlevée des réclamations, s'il y a lieu.

Art. 10. — Inscription au titre des charges sur l'immeuble reconnues fondées.

Art. 11. — Nullité de la demande en délivrance de titre qui ne serait pas appuyée de la mainlevée des réclamations ou de la justification d'une instance introduite en vue de l'obtenir.

« Art. 12. — Les dispositions qui précèdent ne seront appliquées qu'à la « région du Tell algérien délimitées conformément à l'art. 31 de la loi du

« 26 juillet 1873, en dehors du Tell, aux territoires déterminés par les « arrêtés spéciaux du Gouverneur Général.

« Art. 13. — Lorsqu'une demande d'enquête partielle aura lieu en terri- « toire délimité par application du Sénatus-consulte du 22 avril 1863, *le* « *plan parcellaire dressé afin de régulariser, d'après la jouissance effective,* « *la situation de l'occupant de la terre, sera homologué* par le Gouverneur « en Conseil de gouvernement.

« A dater de cet arrêté, *les occupants maintenus en possession seront considérés comme propriétaires à titre privé*, des terrains dont ils auront été reconnus possesseurs.

« A partir de la publication de l'arrêté d'homologation du Gouverneur « Général dans le Journal Officiel de l'Algérie, les contestations relatives « à la propriété de ces territoires seront de la compétence des tribunaux « judiciaires. »

Art. 14 et 15. — Obligation aux détenteurs de titres français non purgés (notariés, judiciaires ou autres) qui porteraient sur des immeubles ayant fait l'objet de titres administratifs, d'actionner les porteurs de ceux-ci dans un délai déterminé, à peine de déchéance. — Communication à faire au Domaine.

Art. 16. — Transactions entre indigènes peuvent, quand il y a eu délivrance de titres français, être faites par des cadis, tant que les immeubles restent entre les mains desdits indigènes, sauf transcription aux hypothèques.

« Art. 17. — Lorsque le partage d'un immeuble rural, dont la moitié au « moins appartient à des indigènes musulmans, sera demandé, soit par un « copropriétaire, soit par le curateur ou créancier de l'un des copropriétai- « res, le tribunal attribuera, si faire se peut, en nature au demandeur, une « part de l'immeuble représentant ses droits ; si l'immeuble n'est pas com- « modément partageable, l'art. 827 C. civ. ne sera pas applicable. Dans « ce cas, le partage sera fait entre familles, et un ou plusieurs copropriétai- « res de la part affectée à la famille dont fait partie le demandeur auront le « choix ou d'accepter la licitation ou de lui payer une somme d'argent re- « présentant la valeur de ses droits sur l'immeuble. A défaut d'entente « amiable entre les copropriétaires de la part revenant à une même famille, « cette somme sera arbitrée par le tribunal, dont le jugement contiendra « condamnation solidaire des défendeurs au paiement de ladite somme avec « les intérêts et les frais.

« Les jugements rendus en cette matière ne seront susceptibles ni d'op- « position ni d'appel. »

Art. 18. — Maintient les dispositions des art. 11 et s. de la loi du 28 avril 1887, relatives aux licitations et partages où figurent des indigènes (les art. 11 à 20 constituent une procédure spéciale ayant en vue surtout la diminution des frais qu'entraînerait, en observant les règles ordinaires, l'indivision poussée à l'extrême de la propriété indigène ; c'est ainsi que, dans le cas où tout a été tenté pour arriver à une solution amiable, mais sans succès et où force est de recourir aux tribunaux, les défendeurs sont pourvus même d'office d'un mandataire unique et n'ont qu'un seul défenseur ou avoué ; en outre, un tarif réduit bénéficie à ces sortes d'actions ; tous actes s'y rattachant sont exempts de timbre et d'enregistrement).

***

Telle est la série des transformations subies par le régime foncier algérien depuis la conquête. L'enfantement a été laborieux sans doute autant que long ; mais du moins le résultat obtenu, quoi qu'on en ait dit, est des plus satisfaisants. Successivement, en effet, le législateur, par une large et généreuse amnistie, a régularisé les transactions immobilières du début, qu'une tare quelconque menaçait de nullité ; — ramené au type français le droit de propriété indigène, par la suppression ou la réduction à de moindres proportions de certains droits parasitaires, entr'autres le Domaine éminent, qui la grevaient au point de la rendre inaliénable en bien des cas ; — facilité et ouvert aux colons l'accès des terres de tribus, soit par l'exécution des opérations générales de délimitation et de répartition des territoires, qui ont permis de dégager les terres vacantes et sans maître et autres biens domaniaux susceptibles désormais d'être concédés, soit par la constatation et la constitution de la propriété individuelle là où elle n'existait pas, soit enfin par l'organisation d'un système d'enquêtes partielles permettant à tout venant d'acquérir en toute sécurité et n'importe où les terres arabes.

En somme, le colon n'a plus, à l'heure qu'il est, quand il achète, d'autres dangers à redouter que ceux inhérents au régime hypothécaire, régime sous lequel il doit se résigner à vivre encore quelques années, jusqu'à ce qu'enfin il puisse être appelé au bénéfice intégral de l'Act Torrens, ou tout au moins du projet dont les dispositions de la loi de 1897 ont été extraites. Cette dernière satisfaction, subordonnée à l'achèvement des opérations générales de délimitation et de répartition des territoires que l'on a toujours considérées comme la base essentielle de la constitution de la propriété indigène, ne se fera sans doute plus attendre bien longtemps, les opérations touchant à leur fin.

Tout en nous excusant de la longueur et du nombre des citations faites dans le cours de cette étude, nous estimons que des textes clairs et précis, ne comportant dès lors aucune interprétation, sont préférables à tous les commentaires, même les meilleurs.

Ce que nous voudrions voir retenir de l'outillage foncier algérien, pour en faire bénéficier nos autres colonies, dans la mesure du possible, ce sont les dispositions relatives :

1° A l'amnistie foncière ;

2° A la suppression du domaine éminent, partout où il existe encore, ainsi que de tous autres obstacles pouvant, d'après les us et coutumes des indigènes, entraver la libre circulation des terres ;

3° A l'exécution des opérations générales de délimitation et de répartition, qui dégageraient les terres vacantes et sans maîtres, dont de récents décrets ont attribué la propriété à l'Etat et permettraient ainsi de les concéder en plus parfaite connaissance de cause, ou tout au moins à l'exécution de certains travaux géodésiques destinés à faciliter les enquêtes partielles qui sont à la base des nouveaux régimes fonciers.

La Tunisie, Madagascar, l'Afrique Occidentale française et le Congo, qui paraissent aujourd'hui en avance sur l'Algérie, ne tarderont pas à être distancés par elle. C'est que dans notre grande colonie Nord Africaine, *toutes les dispositions, considérées comme les préliminaires indispensables à la fructueuse application des principes de l'Act Torrens,* ont été prises. On y a mis le temps, c'est vrai, mais il y a maintenant situation acquise. Que nos autres possessions se hâtent donc de compléter leur régime foncier, mieux vaut tard que jamais.

***

Qu'on nous permette d'insister sur les trois points que nous venons de signaler plus particulièrement à l'attention de ceux qui s'intéressent à l'avenir de nos colonies :

1° *Amnistie foncière.* — Ceux qui consentent à exposer des capitaux — quand ils ne risquent pas leur vie — dans des entreprises de colonisation, méritent des égards ; ceux-là surtout qui ont été les « ouvriers, les pionniers de la première heure », souvent même les initiateurs de la colonisation. Sous peine de décourager les meilleures bonnes volontés, il faut, au moins quand ils ont été de bonne foi dans leurs acquisitions, régulariser les transactions passées par eux dans des conditions défectueuses.

S'ils sont trop peu nombreux pour motiver l'intervention de dispositions législatives rappelant les ordonnances de 1844 et de 1846 susvisées, relatives à l'Algérie, ou s'il y a impossibilité matérielle à leur laisser la libre disposition des biens acquis, ils peuvent toujours être l'objet de mesures spéciales, de dédommagements ou de compensation leur donnant satisfaction suffisante.

2° *Suppression du domaine éminent.* — Le domaine éminent semble exister partout dans nos jeunes colonies et nos pays de protectorat. *Issu du bon plaisir ou de la force, conséquemment d'une origine peu recommandable, en tout cas impossible à justifier en droit ;* d'ailleurs aussi préjudiciable aux intérêts des indigènes qu'à ceux des colons, il ne constitue plus qu'un anachronisme et nous ne devons pas hésiter à le faire disparaître d'ores et déjà dans tous nos pays de conquête et de petit protectorat. *La terre doit appartenir à qui la vivifie.* La France républicaine du xxe siècle ne saurait être moins généreuse que la France impériale du xixe. Quant à nos pays de grand protectorat, les mainlevées partielles qui en ont été données soit à Madagascar (avant la conquête), soit en Indo-Chine (Ordonnance du 27 septembre 1887 et 3 décembre 1888) donnent lieu de croire que l'on ne rencontrerait pas toujours sur ce point chez des souverains, nos protégés, de résistance irréductible. Certains prétendent que la plupart des indigènes qui vivent sous notre domination, habitués de temps immémorial à cultiver, tantôt par ci, tantôt par là, ne comprendraient pas ou n'apprécieraient pas les avantages qui résulteraient pour eux de la transformation de leurs droits de jouissance en droit de pleine propriété. Tel n'est pas notre avis. Au début, peut-être y aura-t-il quelque étonnement, mais l'accoutumance au mieux vient bien vite ; c'est si humain ! Qu'importe d'ailleurs si nous y trouvons nous-mêmes notre compte et si la colonisation doit y gagner.

3° *Délimitation et répartition des territoires des tribus.* — Ces opérations sont œuvre de longue haleine, mais elles n'auraient pas pour seul avantage de dégager les terres vacantes et sans maître, ce qui suffirait déjà à en justifier l'exécution. L'établissement des plans généraux de chaque groupe de terres, au cours de la délimitation, par cela même qu'il resterait à la charge des budgets locaux, défrayerait d'autant les immatriculations à faire ultérieurement et rendrait la formalité plus accessible à nombre de petites bourses. Peut-être aussi l'indigène, voyant l'intérêt que l'administration française porte à sa terre, finirait-il par s'y attacher lui-même et deviendrait-il plus stable, plus soigneux dans ses cultures, moins réfractaire à l'impôt, le tout au mieux de la vie économique du pays et du budget. Les délimitations générales seraient enfin une excellente occasion, pour les agents qui y participeraient, de prendre plus souvent contact avec les populations indigènes, d'étudier leurs idiômes et leurs mœurs, ainsi que leur histoire et de concourir à la préparation de ce travail de codification des us et coutumes, si justement réclamé par M. Penant, directeur du *Recueil général de jurisprudence, de doctrine et de législation coloniales et maritimes, La Tribune des colonies et des Protectorats*, dans sa très intéressante étude ayant pour titre : « De la condition juridique des indigènes en matière civile et commerciale dans les colonies françaises et protectorats de l'Indo-Chine et de l'organisation judiciaire les concernant » — travail auquel M. le Gouverneur Clozel et MM. Villamur et Delafosse, soit dit en passant, ont depuis apporté un précieux appoint, en ce qui concerne l'une de nos plus jeunes colonies (Côte d'Ivoire).

En attendant que ces opérations générales soient entreprises et menées à bonne fin, ce qui demandera des années, on pourrait, d'ailleurs, se contenter d'opérations géodésiques plus modestes mais suffisantes pour faciliter les enquêtes partielles ; c'est l'idée qu'émettait déjà en 1891 le Gouverneur de la Nouvelle-Calédonie, M. Pardon, dans le rapport de présentation de son remarquable projet de régime foncier : « Dans un pays comme la Nou-« velle-Calédonie, il n'est pas nécessaire, pour la détermination topogra-« phique des immeubles de procéder par des opérations d'ensemble. Il suffit « d'établir mathématiquement un certain nombre de points trigonométri-« ques fixes, auxquels les immeubles voisins seront successivement ratta-« chés par des coordonnés rectangulaires, au fur et à mesure des demandes « des propriétaires, et, s'il y avait lieu, d'opérations de bornages contradic-« toires. Le cadastre se formerait ainsi graduellement, un peu à la manière « d'un jeu de patience dont toutes les pièces s'emboîtent les unes dans les « autres, à tel moment qu'elles soient juxtaposées. »

Il ne faut pas oublier que, si le Gouverneur Pardon écarte les opérations générales de délimitation pour s'en tenir à des opérations partielles que nous ne préconisons, nous, que comme pis aller et moyen d'attente, c'est que la situation n'est pas la même à la Nouvelle-Calédonie que dans la plupart de nos autres colonies. A la Nouvelle-Calédonie, en effet, le domaine de l'Etat est à peu près connu et délimité, tandis qu'à Madagascar et dans nos possessions de la Côte occidentale d'Afrique, par exemple, il existe de vastes étendues vacantes et sans maître, qu'il y a, nous le répétons, le plus grand intérêt à dégager.

* * *

L'Administration a introduit les principes de l'Act Torrens dans quelques-unes de nos possessions d'outre-mer :

Tunisie, Loi du 5 juillet 1885 ;
Madagascar, Décret du 16 juillet 1897 ;
Congo, Décret du 28 mars 1899 ;
Afrique occidentale française, Décret du 24 juillet 1906 ;
Côte des Somalis, Décret du 1er mars 1909.

Quelles que soient les imperfections de ces textes, — et elles sont nombreuses, — le régime sous lequel s'y trouve soumise la propriété immobilière est incontestablement et de beaucoup supérieur au régime hypothécaire français, dont on a pu dire avec quelque raison : « Dans l'état actuel « de notre législation, en achetant, on n'est jamais sûr d'être propriétaire ; « en payant, on n'est jamais sûr d'être libéré ; en prêtant, on n'est jamais « sûr d'être remboursé » (Procureur général Dupin).

Tels quels, ils constituent un progrès considérable. S'ils sont résolument mis au point et amendés au fur et à mesure de l'expérience acquise, la Métropole y trouvera la plupart des éléments qui lui seront nécessaires pour élever de toutes pièces, sur les ruines du titre 18 du Code civil et de la loi du 23 mars 1855, l'édifice foncier attendu depuis si longtemps par les contribuables français.

TUNISIE

La loi du 5 juillet 1897 a été modifiée, mais sur des points de détail seulement, par les lois des 16 mai 1896, 6 novembre 1888, 16 avril et 16 juillet 1899.

Intervenue très peu de temps après l'installation de notre protectorat, *elle n'a pas eu à liquider de passé*, comme avaient eu à le faire en Algérie les ordonnances de 1844 et de 1846 et la loi de 1851. La situation foncière n'était, du reste, pas la même dans la régence de Tunis que dans la colonie voisine. Ce qui dominait surtout en Tunisie, c'était la propriété individuelle. avec des bases beaucoup moins incertaines qu'en Algérie. Ceux qu'intéressent les questions nord-africaines avaient même pensé jusqu'à ces derniers temps que la régence n'avait pas de terres collectives de culture correspondant au « Blad el Arch » de nos Arabes d'Algérie (Dain, *Le système Torrens*, de son application en Algérie et en Tunisie). Un décret du 14 janvier 1901 a démontré récemment que c'était une erreur, puisqu'il organisa une procédure de délimitation des terres collectives des tribus.

« Art. 1er. — L'administration fera procéder dans le plus bref délai pos-
« sible à la délimitation des terres de jouissance collective des tribus. Cette
« délimitation sera effectuée par des comités locaux composés pour un caï-
« dat : du cadi, du caïd, de deux notaires, et placé sous la présidence d'un
« délégué spécial du gouvernement. Des décrets successifs détermineront
« les territoires dans lesquels il sera procédé aux opérations de cette déli-
« mitation. »

L'art. 2 fait obligation à tout prétendant d'un droit réel et privatif, d'un droit hypothécaire ou de gage, de produire leurs titres à la commission. Le domaine de l'Etat est représenté aux opérations.

L'art. 3 *interdit toute aliénation*, en propriété ou en jouissance, des terres sises dans le territoire soumis à la délimitation.

« Art. 4. — Les procès-verbaux des opérations de délimitation, homolo-
« gués par nous, détermineront d'une manière définitive, à l'égard des tiers,
« la consistance *des terres de jouissance collective* de chaque caïdat. Aucune
« revendication ultérieure... »

« Art. 5. — Concurremment avec les opérations ci-dessus indiquées et
« indépendamment de la situation de fait qu'elles ont pour objet de cons-
« tater, une commission est chargée *de déterminer et de définir la condition*
« *d'établissement de jouissance, de conservation et de transmission de la pro-*
« *priété* dans les terres collectives de tribus... »

La Tunisie, à son tour, reconnaît la nécessité de *recourir à la délimitation générale pour arriver* à la constitution de la propriété dans les tribus à terres collectives, dans le sens des errements suivis par le Sénatus-consulte de 1883, relatif à l'Algérie, avec cette différence essentielle toutefois *qu'il n'est fait jusqu'à présent aucun abandon du domaine éminent* par le Bey au profit des occupants. Cet abandon sera-t-il consenti plus tard ? telle est la question qui se pose. En tout cas, on semble être encore à temps pour intervenir.

L'immatriculation est facultative et peut être demandée par *tout* propriétaire sans distinction d'origine et de nationalité ; l'art. 22 de la loi de 1885, par la généralité de ses termes, ne laisse aucun doute à cet égard.

Le législateur algérien (art. 2 et 11 de l'ordonnance du 1er octobre 1844), tout en laissant subsister le bail à rente perpétuelle, l'avait assimilé à une transmission définitive et irrévocable, mais avec faculté de rachat de la rente, conformément à l'art. 530 C. civ. La loi tunisienne l'a maintenu : c'est le mode de tenure connu sous le nom d' « enzel » qui n'est qu'une forme de habôus.

Le droit de « chefaa » (droit de préemption ou de retrait), en vertu duquel, d'après le droit musulman, les parents du vendeur ou même (rite hafite) les voisins sont autorisés à se substituer à l'acheteur dans la possession du bien vendu, n'est confirmé par la loi de 1885 qu'en faveur des cohéritiers et copropriétaires, conformément au rite malékite.

Le temps d'arrêt que subit, faute par l'administration d'avoir procédé plus tôt à la délimitation des territoires collectifs, l'essor imprimé par le régime foncier tunisien au développement de la colonisation dans les provinces de la régence, est une leçon à méditer. Ceux à qui incombe la délicate mission d'assurer la mise en valeur de nos autres possessions coloniales feront bien d'en tirer les enseignements qu'elle comporte et de ne pas attendre au dernier moment pour prendre, en ce qui les concerne, les mesures que la Tunisie vient de prescrire.

MADAGASCAR

Inauguré au lendemain de la conquête par le décret du 16 juillet 1897, le régime foncier de la grande île africaine *n'a pas eu plus de passé à régulariser* que la loi tunisienne de 1885.

L'Etat malgache, on le sait, était propriétaire du sol du royaume. Il ne conservait toutefois, sur les parcelles construites ou mises en valeur d'une façon continue que le domaine éminent. Quant au domaine utile, il restait acquis à l'indigène qui vivifiait le terrain, l'occupait effectivement.

Mais, s'il suffisait à l'indigène de mettre en produit une parcelle des terres libres du royaume (appartenant à l'Etat, d'après l'art. 91 du Code malgache de 1881), pour en avoir la jouissance privative, il ne pouvait l'aliéner en toute propriété par suite de l'existence du domaine éminent qui continuait à grever le terrain. Toute cession de ce droit de jouissance à un étranger était, d'ailleurs, formellement prohibée (art. 85 du même Code).

Une loi du 9 mars 1896, que nous tenons à reproduire intégralement ici, à raison du jour tout particulier qu'elle jette sur la question foncière et de l'immense progrès qu'elle réalisait, est venue, quelques mois avant la transformation de notre protectorat en colonie, lever la prohibition et donner la possibilité à l'occupant de s'assurer la pleine propriété des terrains par lui mis en valeur *(a)* :

« Moi Ranavalo Manjaka III, ayant succédé au titre de mes ancêtres, et « sous la puissance de la République française, reine de Madagascar et pro- « tectrice de mon pays,

« Voici ce que je vous dis, ô mon peuple :

« Mon désir est de développer notre pays, afin de vous rapprocher des « nations civilisées, cela pour votre tranquillité et votre bonheur, ô peuple. « Pour atteindre ce but, il est indispensable d'opérer bien des réformes. Ce « que je veux d'abord, c'est d'établir l'inviolabilité de la propriété, afin que « vous en jouissiez en paix. Car, sans cela, vous ne pourriez ni développer « vos cultures, ni faire les dépenses nécessaires pour les perfectionner. Vous « ne seriez pas assurés, en effet, de récolter les fruits de vos travaux et de « vos dépenses.

« Vous savez qu'autrefois des abus ont existé, abus qui ont jeté le trou- « ble et l'inquiétude parmi vous au sujet de vos biens. A l'avenir, cela « n'existera plus, car chaque propriétaire pourra se procurer un titre avec « plan constatant les limites de sa propriété, et, quand le propriétaire aura « ce titre, personne au monde, pas même moi, votre reine, ne pourra tou- « cher à vos biens. Vous pourrez donc désormais développer en toute sé- « curité vos travaux de culture. Ainsi, je vous invite tous à essayer de faire « des récoltes plus abondantes, non seulement pour vos besoins, mais en- « core pour vous permettre d'avoir des excédents que vous vendrez pour « augmenter votre avoir.

« Ceux qui désireront obtenir des titres de propriété n'auront qu'à s'adres- « ser au gouvernement ; il ne leur en coûtera rien, que les frais indispen- « sables pour lever les plans et rédiger les titres.

« Afin de vous donner confiance et comme gage de ce que je viens de vous « dire, je promulgue la loi suivante :

(*a*). — Nota. — Cette loi a déjà été insérée en ce Recueil 1904, III, p. 93.

« Article I.

« Le sol du royaume appartient à l'Etat, sauf les réserves contenues dans « les articles II, V et VI ci-après.

« Article II.

« Les habitants continueront à jouir des parcelles sur lesquelles ils ont « bâti et de celles qu'ils ont eu l'habitude de cultiver jusqu'à ce jour.

« Article III.

« Il est institué à Tananarive une conservation de la propriété foncière de « Madagascar.

« Le conservateur de la propriété foncière est chargé, dans les formes « qui seront déterminées par une loi ultérieure :

« 1° De l'immatriculation des immeubles ;

« 2° De la constitution des titres de propriété ;

« 3° De la conservation des actes relatifs aux immeubles immatriculés ;

« 4° De l'inscription des droits et charges sur ces immeubles.

« Article IV.

« Il est institué à Tananarive un service topographique, chargé de mesu- « rer les terres et de dresser les plans qui doivent accompagner les titres « de propriété.

« Article V.

« Les habitants qui voudront acquérir des titres de propriété réguliers « sur les parcelles qu'ils ont bâties ou qu'ils ont eu jusqu'à ce jour l'habi- « tude de cultiver, pourront le faire sans autre dépense que les frais de « constitution du plan par le service topographique et des titres par la con- « servation de la propriété foncière. Ils adresseront, dans ce but, une de- « mande au directeur de la conservation foncière en consignant à l'avance, « entre ses mains, les frais présumés de l'opération. Le directeur de la con- « servation foncière fera procéder à l'immatriculation et, après que les « droits du demandeur auront été établis, il fera établir gratuitement un « acte de propriété en leur faveur, au nom de la reine.

« Les parcelles dont la jouissance est garantie aux habitants par l'art. II « ne pourront désormais être vendues ou louées pour plus de 3 ans qu'au- « tant qu'elles auront été immatriculées, afin d'éviter toute contestation sur « la propriété.

« Article VI.

« Toute propriété immatriculée est inviolable.

« Le propriétaire ne peut être dépossédé de la moindre portion que pour « une cause d'utilité publique légalement constatée et moyennant une juste « et préalable indemnité.

« Tananarive, le 9 mars 1896.

« Ranavalo Manjaka III,

« *Reine de Madagascar.*

« En foi des paroles de Ranavalo Manjaka III, reine de Madagascar.

« Rainitsimbazafy.

« *Premier ministre et commandant en chef.*

« Vu pour exécution :

« *Le Résident général de la République française,*

« Hippolyte Laroche ».

Le second paragraphe de l'article V a été abrogé par un arrêté du 25 septembre 1896, ainsi libellé :

« Le deuxième alinéa de l'article V de la loi du 9 mars 1896 est abrogé.

« L'immatriculation des propriétés bâties et non bâties reste facultative ».

La mainlevée du domaine éminent accordée par la reine de Madagascar, *à la condition de faire immatriculer les immeubles*, s'applique (art. 2) *aux seules parcelles sur lesquelles les habitants ont bâti ou qu'ils ont eu l'habitude de cultiver jusqu'alors.*

Elle n'a pas l'ampleur de celle octroyée aux Algériens par l'art. 1er du sénatus-consulte de 1863, aux termes duquel :

« Les tribus de l'Algérie sont déclarées propriétaires des territoires dont « elles ont la jouissance permanente et traditionnelle, à quelque titre que « ce soit ».

Celle-ci, en effet, outre qu'elle est consentie *sans condition*, s'applique, non seulement, comme la première, aux parcelles détenues à titre individuel, *mais encore aux terres possédées collectivement, en commun.*

A Madagascar, *les terres de parcours ou de vaine pâture*, qui sont cependant d'une importance considérable pour les collectivités indigènes, dont l'élevage est l'une des principales ressources, *sont demeurées la propriété de l'Etat malgache*, alors qu'en Algérie les biens de même nature *sont devenus des communaux* (propriété des « douars »).

Le domaine de l'Etat, qui, depuis la transformation du protectorat en colonie française, a pris la suite de l'Etat malgache, n'hésitera certainement pas à compléter dans le sens algérien l'œuvre commencée par Ranavalo, lorsqu'il sera procédé à la constitution des réserves indigènes, dont les opérations générales de délimitation que nous préconisons plus bas pourraient être la première étape.

Pourquoi même ne la parferait-on pas, cette œuvre, en donnant aussi mainlevée de la condition imposée par l'art. V aux détenteurs de faire immatriculer leurs terrains pour en avoir la pleine propriété? Ainsi disparaîtrait ce dernier vestige d'allure féodale qui différencie encore la propriété malgache de la propriété française et laisse à ce point de vue nos sujets indigènes dans un état d'infériorité difficile à justifier.

Quoi qu'il en soit, la loi du 9 mars 1896 est un bienfait inappréciable pour les populations malgaches et nous nous associons pleinement aux appréciations flatteuses dont elle a été l'objet de la part des spécialistes qui l'ont étudiée sur place et en ont suivi l'application depuis le début.

Nous nous plaisons même à reproduire textuellement ici le commentaire qu'en a fait l'un des plus autorisés, sinon le plus autorisé d'entre eux, au sujet des justifications à produire par le requérant l'immatriculation (art. 17 du décret du 16 juillet 1897). Ce commentaire, en dehors des éloges qu'il décerne au législateur malgache, contient, sur l'origine, la nature et l'étendue des droits que la loi de 1896 a pour but de consacrer, des aperçus qu'il est intéressant de retenir au point de vue spécial qui nous occupe, les transactions entre européens et indigènes.

« Les habitants, en l'absence de titres écrits, sont admis à requérir l'im- « matriculation des parcelles sur lesquelles ils ont bâti ou qu'ils avaient « l'habitude de cultiver antérieurement à la promulgation de la loi du « 9 mars 1896.

« Le requérant l'immatriculation est tenu de déposer à l'appui de sa dé- « claration tous les titres de nature à faire connaître les droits réels exis- « tant sur l'immeuble.

« Il devait nécessairement arriver que les indigènes ne pussent fournir « un titre constitutif de leur droit de propriété. En effet, ce droit pouvait « avoir pour origine un fait dont, aux termes des lois et coutumes malga- « ches, aucun écrit ne constatait l'événement.

« Le législateur a prévu le danger et, dans l'acte même qui instituait à « Madagascar un régime foncier spécial, il édictait des règles précises per-

« mettant aux habitants de conserver les droits qu'ils détenaient en vertu « des traditions locales.

« Tandis que dans ses art. 3 et 4, la loi du 9 mars 1896 sur la propriété « foncière instituait à Tananarive une conservation de la propriété foncière « et un service topographique, organes essentiels du régime, elle stipulait « encore :

« Art. 2. — Les habitants continueront... (V. ci-dessus).

« Art. 5. — Les habitants qui voudront... (V. ci-dessus).

« Ces deux articles, avec leur rédaction simple, prévoient tous les cas et « leur donnent une solution. La loi, d'ailleurs, composée de six articles seu- « lement, a, dans son ensemble, le double mérite de permettre, d'une part, « à l'indigène de devenir propriétaire absolu de son héritage (ce que l'ancien « régime n'avait jamais voulu reconnaître expressément) et d'autre part, de « consacrer et de donner la sanction légale aux coutumes et traditions mal- « gaches.

« En effet, le principe du droit éminent de l'Etat et celui du droit de jouis- « sance des habitants sur les parcelles mises en valeur par eux, qui font « l'objet des art. 1 et 2, sont la base même de l'ancien système foncier.

« La propriété indigène provenait, en général, de trois origines distinctes :

« 1° Du partage des terres de tribus. Le lot ainsi concédé en vue de l'édi- « fication d'une maison ou de l'aménagement des « *tanim-boly* » prenait le « nom de « zara-tany ».

« 2° De l'attribution d'une part des rizières du « fokon'olona ». L'attribu- « taire était tenu de mettre en valeur la parcelle lui revenant, désignée sous « le nom de « *hétra* », à charge d'acquitter l'impôt qui la grevait sous la « même dénomination.

« 3° De la faculté accordée par la tribu à l'un de ses membres de défricher « une parcelle de terres incultes. Le droit naissait de la mise en valeur au « profit du bénéficiaire et de ses descendants, qui recueillaient l'immeuble « au titre de « *sola pangadin drayaman-dreny* ». (V. Cahuzac, Essai sur les « institutions et le droit malgaches, livre XII, chap. III, § 2).

« Et c'est précisément sur les biens de cette origine que s'opéraient les « transmissions à titre onéreux ou gratuit, entre-vifs ou par décès, leur « donnant alors le caractère de « *tany-vidina, tanin-drazana, tany fehivava* », « dont parle le même auteur.

« Or, il convient de remarquer que le droit à la propriété individuelle « n'était acquis, dans les limites alors permises, que par le fait même de la « mise en valeur.

« C'est ce qu'a consacré en termes exprès l'art. II de la loi du 9 mars 1896. « Et quant à l'art. V, on l'a vu, il a permis aux indigènes d'acquérir des titres « réguliers par le simple accomplissement des formalités d'immatriculation. « *Cette combinaison du vieux droit malgache avec les principes de la liberté « que la France devait proclamer dans la nouvelle possession ne saurait trop « être admirée dans sa simplicité*. Et l'on peut dire qu'à ce titre *la loi du « 9 mars 1896 constitue un monument d'une valeur considérable et*, à coup « sûr, en sa forme brève, *l'un des plus heureusement conçus de la législation « locale ; elle sauvegarde les droits régulièrement acquis et, en même temps, « prévient les accaparements frauduleux*.

« Elle a surtout le mérite tout à fait exceptionnel en la matière d'être d'une « application aussi aisée sur les hauts plateaux de l'île, où la civilisation « hova a pu réglementer l'exécution de ses lois et coutumes, que sur les « points les plus éloignés des côtes, où l'organisation administrative était « beaucoup moins complète, parfois à peu près nulle.

« Chaque fois qu'un indigène hova, sakalave ou bara ne peut justifier de « ses droits de propriétaire par un acte régulier, il lui suffit d'établir qu'il a « réellement mis en valeur le terrain qu'il prétend sien par la construction « d'une habitation d'un caractère permanent ou par l'entretien de cultures

« et plantations avec continuité, pour qu'immédiatement son droit soit res-« pecté ; et, s'il veut enfin donner à ce droit précaire une valeur indiscutable, « il lui suffit de requérir l'immatriculation.

« Il va sans dire que la mise en valeur dans le sens précédemment indi-« qué, faite par les auteurs d'un indigène, profite après eux à ce dernier ; « c'est, d'ailleurs, l'application du principe qui a donné naissance au « *sola* « *pangadin drayaman-dreny* ».

(Boudillon, inspecteur de l'enregistrement et des domaines. — Recueil des arrêts et jugements rendus par la Cour et les tribunaux de Madagascar, pour l'application du décret du 16 juillet 1897 portant règlement sur la propriété foncière. De l'origine au mois d'avril 1902. Madagascar, imprimerie du gouvernement, 1902).

De 1897 à 1902 de nombreuses décisions judiciaires, rapportées dans ce recueil, ont précisé à divers points de vue les dispositions de l'art. II de la loi de 1896. Nous nous contenterons de signaler les principales.

1. — Pour que la mise en valeur puisse être invoquée en vue de l'obtention du titre prévu par l'art. V, *il faut qu'elle soit l'œuvre d'un sujet malgache.*

(Cour de Tananarive, 5 juillet 1899).

2. — Encore faut-il que l'indigène qui s'en réclame *ait cultivé pour son compte personnel.*

(Tribunal de Tananarive, 21 mai 1900. — Cour, 31 décembre 1900).

3. — La culture d'une parcelle déterminée d'une *propriété collective* confère à l'occupant des droits sur cette parcelle.

(Cour de Tananarive, 31 décembre 1900).

Au sujet de cette très intéressante espèce, M. Boudillon commente ainsi la décision de la Cour du 31 décembre 1900, un peu différente de celle du tribunal :

« Cet arrêt semble n'être qu'une solution d'espèce. Il n'en constitue pas « moins une interprétation très judicieuse des dispositions de la loi du « 9 mars applicable à tous les cas analogues.

« M. Cahuzac, en son ouvrage déjà cité (livre XII, chap. XX, § 1) pose la « question de savoir si, lorsque la propriété indigène affectait, selon la cou-« tume malgache, la forme collective (en matière de « *hétra* », notamment) « un détenteur peut obtenir l'immatriculation de la partie cultivée de lon-« gue date par ses ancêtres et par lui-même.

« Cette question doit être résolue affirmativement.

« La loi du 9 mars 1896, loi malgache, il est vrai, mais instrument de « progrès et d'affranchissement, a entendu créer sur des bases définitives « la propriété individuelle. Elle parle des « *parcelles du sol du royaume* », « mais en employant ce mot comme le plus compréhensif qui soit et sans « qu'aucune addition au texte vienne en affaiblir la portée. Tout autre ter-« me, toute autre expression, une énumération même, pourrait donner lieu « à discussion, à interprétation et ne répondrait pas au but proposé.

« Par le fait de la mise en valeur d'une parcelle de quelque nature qu'elle « soit des terres libres du royaume (que cependant l'art. 91 du Code mal-« gache plaçait dans le domaine royal), le droit de jouissance individuelle « est né pour l'indigène. Il lui suffit de faire procéder à l'immatriculation « pour donner à cette simple jouissance le caractère de propriété définitive.

« C'est la solution donnée par l'arrêt susvisé. »

4. — Pour bénéficier des dispositions de la loi du 9 mars 1896, il suffit au requérant de justifier, par tous les moyens légaux, *d'une mise en valeur réelle et d'une occupation habituelle et continue antérieurement à la promulgation de la loi.* — *C'est aux tribunaux qu'il appartient d'apprécier* si la mise en rapport est suffisante pour faire titre.

(Cour de Tananarive, 30 avril 1902) (1).

(1) En ce Recueil 1902, I, 1751, 216.

5. — *Des traces de culture récentes* pas plus que *des vestiges d'une occupation très ancienne, mais abandonnée, ne suffisent* à cet égard.

(Tribunal de Tananarive, 15 janvier 1900).

6. — L'acquéreur nanti d'un titre écrit doit justifier des droits de son vendeur et peut réclamer, à cet effet, le bénéfice de la loi du 9 mars 1896.

(Tribunal de Tananarive, 17 juillet 1899).

« Il ne suffirait pas — dit M. Boudillon commentant ce jugement — à l'in-
« digène qui se prétend propriétaire de fournir un acte de vente paraissant
« régulier en la forme, si le vendeur ne pouvait justifier lui-même de droits
« régulièrement acquis sur l'immeuble.

« L'on comprend, en effet, qu'il y aurait là une façon très simple d'éluder
« la loi ; toute personne désireuse d'acquérir la propriété d'un terrain in-
« culte n'aurait qu'à passer avec un tiers un acte de vente fictif, mais re-
« vêtu cependant des formalités légales, et cet acte serait produit à l'appui
« de la réquisition d'immatriculation.

« Le requérant doit justifier des droits de son vendeur ; il peut, d'ailleurs,
« réclamer, au nom de celui-ci, le bénéfice de la loi du 9 mars 1896. »

7. — L'acquéreur *européen* est soumis à la *même obligation*.

(Trib. de Tananarive, 17 décembre 1900).

8. — *Il importe peu que la parcelle occupée ait été depuis l'annexion classée dans le domaine public*, s'il est justifié d'une mise en valeur effective antérieure à la loi du 9 mars 1896.

(Trib. de Tananarive, 17 décembre 1900).

Cela va de soi, puisqu'avant la loi de 1896 et sous le régime malgache, la distinction entre le domaine public et le domaine privé était inconnue, que le domaine public n'a été, en effet, constitué que par décret du 16 juillet 1897 et que d'ailleurs un décret du 5 juillet 1898 a consacré la validité des droits antérieurement acquis sur les dépendances du domaine public.

9 et 10. — Deux arrêts de la Cour de Tananarive des 20 mars et 6 novembre 1901 (1) ont admis comme mise en valeur suffisante, dans le sens de la loi du 9 mars 1896, le simple fait d'avoir récolté (1er arrêt) des herbes salifères auprès d'une source thermale, (2e arrêt) des herbes à brûler sur des terrains vagues.

Mais ces arrêts ne semblent pas devoir faire jurisprudence ; on observe avec juste raison que la loi du 9 mars 1896 est assez libérale et tient suffisamment compte des droits acquis pour que l'exécution de ses prescriptions soit exigée de ceux qui sont appelés à en bénéficier.

Aussi, ne les citons-nous que pour mémoire.

Ce qu'il y a d'essentiel à retenir de l'exposé qui précède, c'est que seules les parcelles mises en valeur par des sujets malgaches antérieurement à la loi foncière du 9 mars 1896 peuvent devenir la propriété *définitive* des indigènes et passer de leurs mains en celles des Européens. Depuis l'abrogation du second paragraphe de l'art. V de cette loi, les indigènes *peuvent même céder leurs droits de jouissance à des Européens* ou à tous autres avant de les avoir fait convertir en pleine propriété par l'immatriculation ; mais alors *l'acquéreur doit*, pour devenir propriétaire à titre définitif des parcelles achetées, les soumettre à la formalité et *établir que ses auteurs se trouvaient dans les conditions de mise en valeur exigées par l'art. II de la loi du 9 mars 1896*.

Il y aurait exception, bien entendu, pour les terres connues sous le nom de « *lohimbin tany* », accordées *anciennement*, soit par le souverain, soit par un Andriana (homme de caste noble), chef de Vodivona (fief), à une personne en récompense de services rendus. Ces terres, exemptes de redevance et de tout impôt, constituaient, en effet, *des propriétés individuelles définitives complètes*. Il en serait autrement des « *lohimbin tany* » concé-

(1) En ce Recueil, 1902, I, 1721, 143.

dées *plus récemment* par les derniers souverains à partir de Ranavalona Ire, toujours en récompense de grands services rendus, à des personnages de castes roturières auxquels on ne pouvait accorder des Vodivona réservées aux castes nobles : ces terres étaient, en réalité, tant par leur étendue (parfois des tribus entières) que par les privilèges y attachés, *de véritables Vodivona, inaliénables par conséquent.* L'institution féodale des Vodivona, incompatible avec nos mœurs, nos principes et le droit naturel, ne pouvait survivre à l'annexion et a été supprimée par l'arrêté du 17 avril 1897 ; les fiefs anciens et ceux plus récents constitués sous forme de « *lohimbin-tany* » ont ainsi fait purement et simplement retour au domaine de l'Etat. (V. au sujet des Vodivona, Cahuzac, *loc. cit.* livre XII, chap. IV et V).

Nous ne sachions pas, du reste, que la question de « *lohimbin-tany* » à immatriculer se soit jamais posée devant les tribunaux de Madagascar.

Indépendamment de la loi foncière du 9 mars 1896, qui ouvrait aux Européens l'accès des terres individuellement détenues par des sujets malgaches, une autre loi, du même jour, sur les concessions de terres, remplacée, presque aussitôt après l'annexion, par un arrêté du 2 novembre 1896, a déterminé les conditions dans lesquelles les terres libres du domaine de l'Etat, soit la plus grande partie du territoire de Madagascar, peuvent être accordées à toute personne qui en fait la demande.

Ces deux lois du 9 mars 1896 mettaient fin aux luttes que nos nationaux, — et, à leur suite le Gouvernement français, — avaient, dans le cours du XIXe siècle, eu à soutenir contre les souverains du pays, pour conquérir le droit de devenir propriétaires de terrains dans la grande île. La question de l'accès des nôtres à la terre malgache est intimement liée à l'histoire de la conquête puisque c'est elle qui a motivé les prises d'armes de 1883 et de 1895 qui ont abouti à la loi d'annexion du 6 août 1896. Nous croyons intéressant de reproduire ici l'historique succinct qu'en a fait, dans son ouvrage, l'auteur déjà cité (Cahuzac, livre XII, chap. IX, p. 402).

« ... On sait qu'aux termes de l'art. 85 du Code de 1881, les terres indi-
« gènes ne pouvaient être vendues ni hypothéquées à des étrangers. Le
« Malgache qui avait consenti la vente était condamné aux fers à perpé-
« tuité. L'obligation était considérée comme inexistante et la terre retour-
« nait à l'Etat (1). Cet article n'était, d'ailleurs, qu'une arme éventuelle
« entre les mains du Gouvernement local. Car un traité de 1868, conclu
« entre la France et le Gouvernement hova, permettait aux Français d'ac-
« quérir des terres dans la grande île et de les transmettre à leurs héri-
« tiers. Le premier ministre, Rainilaiarivony, voulant s'emparer de la suc-
« cession de Laborde, ne trouva rien de mieux que d'opposer l'article 85 à
« notre traité de 1868 (2). Il prétendait que, si les Français avaient le droit

(1) L'hypothèque n'existe pas en droit malgache. Un propriétaire a-t-il besoin d'une certaine somme, il a recours au contrat de « *Fehivana* » (terre vendue sous condition de rachat).

« Le contrat de « *Fehivana* » a quelques analogies avec la vente à réméré et avec « l'antichrèse de notre droit français.

« Le « *Fehivana* » joue pratiquement, dans la vie malgache, le rôle de l'hypo- « thèque. »

L'emprunteur se réserve le droit de reprendre sa terre, en remboursant la somme prêtée dans un certain délai dont les parties conviennent. En cas de non remboursement, le prêteur peut exiger la vente à son profit ou à une personne qui le désintéresse et se substitue à lui. S'il garde le silence, il y a reconduction tacite pour une nouvelle période d'égale durée. Le Féhivariste perçoit les fruits pour son compte, sans pouvoir exiger d'autres intérêts pour la somme avancée. Les impôts et l'entretien de l'immeuble sont à sa charge. (Cahuzac, *loc. cit.* livre XII, chap. III, § 2-6°).

(2) Laborde est ce *grand Français, à la fois âme d'apôtre et de conquistador*, qui a élevé et maintenu si haut, pendant près d'un demi-siècle (1832-1878), le prestige du nom français à Madagascar.

« d'acquérir, les Malgaches n'avaient pas celui de vendre. Ce sont ces di-« vergences de vue qui amenèrent, en partie, la guerre de 1883, et, à la suite, « le traité du 17 décembre 1885, en vertu duquel nous renoncions, pour « nos nationaux, au droit de propriété. Ce traité, au fond, était un recul et « un échec.

« Cet état de choses a persisté jusqu'à la dernière guerre de 1895, qui « s'est terminée par l'annexion définitive de Madagascar.

« Après la campagne, une des premières préoccupations du Gouverne-« ment français a été la question de propriété. Aussi, l'article 1er du proto-« cole annexé au traité que le général Duchesne fit signer à la reine Rana-« valona, le 1er octobre 1895, était libellé de la façon suivante :

« L'article 4 du traité du 8 août 1868 et l'article 6 du traité du 17 décem-« bre 1885 feront l'objet d'une révision ultérieure destinée à assurer aux « nationaux français le droit d'acquérir des propriétés dans l'île de Mada-« gascar.

« Cette révision annoncée a été opérée par deux lois, édictées toutes les « deux le 9 mars 1896 par la reine Ranavalo III, visées pour exécution par « le Résident général de France.

« La première concerne la propriété foncière indigène. La seconde, qui « porte le titre de loi sur les concessions de terre, établit de quelle façon « et dans quelles conditions les étrangers et nos nationaux peuvent possé-der à Madagascar ».

La loi foncière, qui a été modifiée et complétée par le décret sur le régime foncier du 15 juillet est toujours en vigueur ; nous l'avons reproduite plus haut ; la seconde, qui n'avait plus sa raison d'être depuis la loi qui a réuni Madagascar à notre empire colonial, a été abrogée et remplacée, comme nous l'avons dit, par l'arrêté du 2 novembre 1896.

Il nous reste, pour en finir avec la matière de l'immatriculation, à donner aux acquéreurs de terres autres que celles dites « *lohimbin-tany* », le conseil de ne traiter qu'une fois les parcelles régulièrement immatriculées, ou bien, s'ils traitent avant, de surseoir au paiement du prix convenu jusqu'à ce qu'ils aient eux-mêmes pourvu à la formalité. Ils éviteront ainsi de s'exposer à des fins de non-recevoir judiciaires, qui ne leur laisseraient le plus souvent qu'un recours assez illusoire contre leurs vendeurs.

Nous croyons utile de donner ci-après la traduction de quelques expressions malgaches dont nous n'avons pas indiqué la signification dans les lignes qui précèdent :

Zara-tany, — terre partagée (litt.),
Hétra, — rizière qui paie l'impôt,
Sola pangadin drayaman dreny, — terre défrichée par le coup de bêche des père et mère (litt.),
Tany-vidina, — terre acquise par achat,
Tanin-drazana, — terre patrimoniale,
Tany-Fehivava, — terre liée par la bouche (litt.),
Tany-lava-vola, — terres à longues herbes (litt.),
Fokon'olona, — village, municipe, habitant de village,
Lohimbin-tany — terres tête de bœuf.

L'existence d'un service topographique et d'un nombreux cadre d'administrateurs à Madagascar rendra plus facile et plus rapide, surtout si l'on sait tirer parti de la très intéressante institution des « *fokon'olona* », le travail de délimitation générale et de répartition des territoires qui doit aider à la constitution de la propriété individuelle, d'une part, et d'autre part, au dégagement des terres vacantes et sans maître, attribuées en principe à l'Etat. Ce serait toutefois faire acte de sage administration que de l'entreprendre plus tôt que plus tard ; nous en avons donné les raisons plus haut. La mise en train immédiate de ce travail a d'autant plus d'importance dans la grande île que le sol y est riche en gisements miniers de toutes sortes et que l'on ne saurait être trop précis quand il s'agit de situer exactement des gisements de valeur, pour les concéder après en connaissance de cause.

Le décret de 1897 s'est inspiré de l'Act Torrens et de la loi tunisienne de 1885. Supérieur à celle-ci sur certains points, il lui est inférieur sur d'autres. Au total, il ne constitue pas un grand progrès sur l'acte de 1885. Quelques coquilles se sont glissées dans la copie soumise à la signature du Président de la République : « présomptions » au lieu de « préemption », « exploitation » au lieu de « expropriation ». Mais ce sont là des vétilles, dont il n'y a pas lieu de faire état : *de minimis non curat prœtor*.

Comme la loi tunisienne, le décret de 1897 a conservé l'emphytéose. Toutefois, lorsqu'il s'est agi d'appliquer le nouveau texte aux anciens baux emphytéotiques consentis soit par le gouvernement malgache soit par des indigènes, de grosses difficultés surgirent, provenant, d'une part, de la substitution de l'Etat français à l'Etat malgache; d'autre part, de l'impossibilité de retrouver les signataires indigènes. Il parut que, pour liquider ce passé, il y avait lieu de fournir aux emphytéotes la possibilité d'obtenir, en échange de leurs anciens titres, des titres de vente ou de concession. Cette mesure fut consacrée par le décret du 9 juillet 1898.

Voici, d'après Cahuzac (loc. cit., livre XII, p. 420) l'historique de cette mesure toute d'équité :

« On sait que l'art. 6 du traité du 17 décembre 1885 avait reconnu aux « citoyens français le droit de louer aux Malgaches, pour une durée indé- « terminée, par bail emphytéotique, renouvelable au seul gré des parties, « toute propriété immobilière. C'était un dédommagement pour le préju- « dice causé à nos nationaux par l'art. 85 du Code de 1881, qui, en violation « du traité de 1868, défendait aux Malgaches de vendre des terres à des « étrangers.

« Un bail de courte durée, en effet, aurait rendu impossible toute entre- « prise d'agriculture ou d'industrie. Il importait aux colons, qui voulaient « créer de grands établissements ou faire des travaux considérables sur le « sol, d'avoir un droit réel de longue durée qui leur permît de se procurer « des capitaux, en cas de besoin, et de recueillir les bénéfices de leur entre- « prise.

« Le bail emphytéotique répondait, dans une certaine mesure, à ces né- « cessités.

« Aussi, ce genre de bail a été très fréquent, surtout sur la côte est de « Madagascar.

« Généralement, il a été consenti sous les conditions suivantes :

« 1° La durée du bail était de 25 à 50 ans, moyennant un prix ferme payé « en une seule fois ;

« 2° Il était renouvelable, au gré du locataire ou de ses héritiers, pour « une seconde période et moyennant la somme primitivement fixée ;

« 3° A l'expiration du bail, les travaux, plantations et constructions, reve- « naient au propriétaire, sans que ce dernier fut dans l'obligation d'indem- « niser le locataire.

« Une grosse difficulté se présenta lors de la promulgation du décret du « 16 juillet 1897, portant règlement sur la propriété foncière.

« Quelle était, après l'annexion, la situation des Européens détenteurs « d'immeubles en vertu de baux emphytéotiques de ce genre, consentis soit « par des indigènes, soit par le gouvernement malgache ?

« Il est certain que le gouvernement français, s'étant substitué, aux ter- « mes d'une jurisprudence généralement suivie, au gouvernement malga- « che tant au point de vue actif qu'au point de vue passif, aurait le droit « d'exiger l'exécution pleine et entière des conventions emphytéotiques.

« Mais c'était là des mesures extrêmes qui auraient grandement préjudi- « cié à la prospérité de la colonisation.

« En ce qui concerne les baux emphytéotiques consentis par des indi-« gènes, il était possible à l'emphytéote d'acquérir, avec le nouveau régime, « la propriété pleine et entière de l'immeuble. Mais une nouvelle difficulté « a alors surgi. Dans la plupart des cas, l'emphytéote n'a pu parvenir à re-« trouver le signataire du contrat, soit qu'il fut décédé sans laisser d'héri-« tiers, soit qu'il eut disparu de toute autre façon. *Il avait pu arriver, aussi,* « *que le bail eut été consenti par une personne qui n'était pas propriétaire,* « *laquelle, aujourd'hui, de crainte de voir sa fraude dévoilée, se dissimule* « *soigneusement.* On cite, comme exemple, les gouverneurs malgaches d'au-« trefois, envoyés sur la côte, qui n'hésitaient pas à battre monnaie en don-« nant à bail, sans autorisation, les terres appartenant à l'Etat.

« Cette situation mettait les emphytéotes dans un grave embarras. Ils ne « pouvaient ni acquérir la pleine propriété, ni même faire immatriculer le « fonds en qualité de locataires, parce qu'ils ne pouvaient pas retrouver leur « bailleur, dont le consentement était nécessaire.

« Pour couper court à toutes ces difficultés et régulariser définitivement « la situation des détenteurs d'immeubles en vertu de baux emphytéotiques, « l'administration française prit l'arrêté du 10 mars 1898, qui depuis a été « converti en décret ».

CONGO

Le décret du 28 mars 1899 qui a introduit au Congo le régime foncier basé sur l'immatriculation, n'est qu'une réduction de celui du 16 juillet 1897, dont nous venons de parler.

Malgré l'engouement dont cette grande colonie a été l'objet dans les débuts et les centaines de mille, les millions d'hectares qui y ont été concédés, les colons proprement dits y sont rares et l'administration n'a pas eu, que nous sachions, un bien gros passé à liquider, en ce qui touche les transactions immobilières intervenues entre indigènes et Européens. Le décret de 1899 paraît donc suffisant jusqu'à nouvel ordre.

L'indigène congolais n'est pas admis au bénéfice de l'immatriculation. Le mal n'est peut-être pas bien grand ; l'essentiel est que l'Européen puisse acheter en toute liberté. Mais encore faudrait-il qu'il ait les moyens de se renseigner sur les charges occultes, le domaine éminent, par exemple, pouvant grever les biens qu'il se propose d'acheter, et aussi qu'il ait la possibilité de s'en débarrasser, en réclamant l'immatriculation. Or, à ce point de vue, le législateur congolais est absolument muet et pour cause.

Il n'y a pas au Congo, comme à Madagascar, de loi foncière indigène, de codification des coutumes, de traités antérieurs pouvant renseigner sur le mode de tenure des terres indigènes et la possibilité pour les Européens d'y accéder. Ce n'est pas que les traités manquent ; mais, pour ne parler que des plus anciens, ceux des 9 février 1839 et 18 mars 1843, passés par le capitaine de vaisseau, Bouët-Villaumetz, avec le roi Denis et le roi Louis, celui plus récent conclu par Brazza avec Makoko, le 10 septembre 1880, qui peuvent servir de type et contiennent, avec des cessions territoriales, l'abandon, par les grands chefs indigènes, de leur droit de souveraineté sur d'immenses régions, ne font pas la moindre réserve, ni même la moindre allusion touchant les droits des sujets de ces grands chefs sur les terres cédées à la France. Il doit en être de même des nombreux traités intervenus depuis celui de 1880. Le menu frétin indigène apparaît comme une quantité négligeable ; on ne s'en occupe pas.

Nous verrons plus loin, en parlant de la Côte occidentale et plus particulièrement du Sénégal, ce qu'il faut penser des cessions territoriales consenties par les traités de ce genre ; disons tout de suite de ces actes, passés la plupart du temps en hâte et au pied levé, qu'il ne faut en retenir qu'une chose, hors de toute contestation, c'est l'abandon à la France, par les grands chefs, du droit de souveraineté qu'ils exerçaient avant nous. C'est, du reste, l'essentiel.

Il y a peu de colonies qui aient dès les débuts une bibliographie aussi volumineuse que le Congo. C'est à peine cependant si la question de la propriété indigène a retenu l'attention de deux ou trois auteurs ; encore leurs investigations n'ont-elles porté que sur quelques petits coins de notre vaste empire congolais. On peut dire qu'à ce point de vue tout reste à faire.

Ce n'est évidemment pas dans la Convention de Berlin (1885) qu'il faut aller chercher des renseignements sur la question propriété. Les congressistes, préoccupés avant tout des intérêts de leurs nations respectives, de convenances internationales, du partage des dépouilles de « l'homme mort africain », n'ont prêté qu'une attention distraite aux intérêts des indigènes. On peut s'en convaincre en lisant l'art. 6 de la convention relatif « à la protection des indigènes » ; il n'y est même pas fait mention des droits de ces gens sur le sol.

Le législateur foncier congolais se trouvait donc à court et il lui était difficile de préciser. Il devait se tenir sur la réserve. C'est ce qu'il a fait et nous l'en félicitons d'autant plus volontiers que, s'il ne prend aucun engagement en ce qui touche le « domaine éminent », dont il soupçonne l'existence comme nous, il laisse aux indigènes toute facilité pour s'en affranchir.

C'est ainsi que, tout en disposant, dans l'art. 2 du décret du 28 mars 1897, que « les biens appartenant aux indigènes sont régis par les coutumes et usages locaux pour tout ce qui concerne leur acquisition, leur conservation et leur transmission », il admet, dans l'art. 7-2°, que ces biens peuvent être vendus à des Européens : « l'immatriculation, porte ce dernier article, est facultative. Exceptionnellement, l'immatriculation est obligatoire : 1° ... 2° dans tous les cas où les Européens ou assimilés se rendent acquéreurs de biens appartenant à des indigènes ».

La seule condition imposée aux indigènes, nous la trouvons dans l'art. 10 du décret-type des concessions congolaises :

« Art. 10. — La société concessionnaire ne pourra exercer les droits de « jouissance et d'exploitation qui lui sont accordés par l'art. 1er ci-dessus, « qu'en dehors des villages occupés par les indigènes et des terrains de cul- « ture, de pâturages ou forestiers qui leur sont réservés. Le périmètre de « ces terrains, s'il s'agit d'indigènes à habitat fixe, ou les périmètres suc- « cessifs à occuper ou réserver, s'il s'agit d'indigènes à habitat variable, « seront fixés par des arrêtés du gouverneur de la colonie, qui déterminera « également les terrains sur lesquels les indigènes conservent les droits de « chasse et de pêche. Les terrains et droits ainsi réservés *ne pourront être « cédés par les indigènes, soit au concessionnaire, soit à des tiers, qu'avec « l'autorisation du gouverneur de la colonie.* »

Ce droit de contrôle que l'administration se réserve nous paraît nécessaire, tant dans l'intérêt des indigènes, qu'il protège contre leur propre entraînement dans l'exercice d'un droit nouveau pour eux, que dans celui de la colonisation, pour éviter l'intrusion dans les milieux indigènes d'aventuriers qui pourraient y être une cause de trouble ou d'accaparateurs trop avides qui arriveraient à paralyser l'action administrative.

Les opérations générales de délimitation et de répartition ont surtout de l'intérêt au point de vue du dégagement des terres vacantes et sans maître et de la détermination périmétrique de celles occupées effectivement par les indigènes en bloc. S'il avait été matériellement possible d'y procéder avant d'accorder ces vastes concessions qui ont englobé presque tout le territoire, il est certain que bien des conflits, bien des procès auraient été évités. Car enfin, il ne suffit pas de stipuler dans un acte administratif que les droits des indigènes sont réservés pour qu'il n'y soit pas porté atteinte ; mieux vaudrait déterminer ces droits. Nous savons, d'ailleurs, qu'il est des nécessités qu'il faut subir, des impatiences qu'il faut satisfaire ; mais nous nous rappelons aussi que nous avons des devoirs à remplir vis-à-vis de nos sujets indigènes, qu'ils ont le droit de compter sur notre sollicitude et que nous avons pris l'engagement sinon écrit du moins moral de respecter leurs biens. Nous n'ignorons pas, certes, que c'est là une mission difficile à remplir et qu'une délimitation même globale des propriétés n'est pas l'œuvre d'un jour, surtout quand on n'a ni les crédits, ni le personnel topographique nécessaires et que le pays reste encore à pacifier sur plus d'un point. Aussi, pensons-nous qu'on peut, sans recourir à des opérations générales, procéder plus modestement, amorcer le travail d'ensemble chaque fois que l'occasion s'en présente, en plantant un jalon, en déterminant un point fixe destiné à servir plus tard de repère à la triangulation, faire en un mot ce qui se pratique chez nos voisins du Congo Belge, s'il faut en croire le texte ci-après que nous prenons au hasard parmi tant d'autres en vigueur dans l'Etat indépendant :

« Art. 1er. — Sont terres occupées par les indigènes, aux termes des dis-« positions précitées, les terres que les indigènes habitent, cultivent ou ex-« ploitent d'une manière quelconque conformément aux coutumes et usa-« ges locaux.

« Il sera pourvu sur place *à la délimitation et à la constatation officielle « de la nature et de l'étendue des droits d'occupation des indigènes.* La pro-« cédure selon laquelle ces droits seront déterminés et le mode selon lequel « ils seront constatés seront fixés ultérieurement par le Gouverneur gé-« néral.

« *La délimitation des terres sera répartie sur un croquis* qui sera déposé « aux archives du commandant du district. Elle pourra, pour que les opéra-« tions en soient activées, être marquée sur le terrain par des points de « repère, tels que bornes, accidents de terrains, arbres, cours d'eau, tor-« rents, routes, sentiers, etc... ». (Décret du 3 juin 1906).

Il s'agissait, dans l'espèce, et nos voisins s'en préoccupent à l'avance, de bien déterminer la nature et l'étendue des droits de superficie auxquels ils auront à toucher au cours de l'exécution de leurs travaux d'utilité publique (les textes visés dans le préambule ont trait à l'expropriation) pour éviter sans doute à la dernière heure une transformation plus ou moins truquée en vue d'obtenir une indemnité plus élevée. Toute occasion, comme on le voit, leur est bonne pour procéder à la délimitation des terres détenues privativement, sans attendre les délimitations générales, et en conserver précieusement les croquis.

Le premier paragraphe de ce texte définit assez exactement, qu'on nous permette d'en faire occasionnellement la remarque, ce que sont les terres collectives ou privées que nous proposons de libérer du domaine éminent dont elles sont grevées. Il ne faut pas, en effet, confondre la jouissance effective et continue, de tous les instants pour ainsi dire, et qu'il y a lieu de consolider par l'adjonction de la nue propriété, avec les simples droits d'usage qui sont réservés aux indigènes dans les forêts, sauf cantonnement, par les textes qui règlementent le régime forestier.

Un certain nombre de grandes sociétés, au profit desquelles l'Etat s'est momentanément dépouillé de son domaine utile moyennant une participation aux bénéfices, ont disparu. D'autres ont dû, pour prolonger leur existence, fusionner ou se syndiquer.

Parmi celles qui subsistent, quelques-unes sont prospères et paraissent avoir de l'avenir. Il est à désirer que cet avenir s'affirme chaque année davantage ; car plus il s'affirmera, plus s'accroîtra l'influence très grande déjà que ces sociétés se sont acquises dans le milieu indigène où elles évoluent pour les besoins de leur exploitation, et nous sommes de ceux qui estiment que cette influence, loyalement mise au service de l'administration, pourrait aider puissamment à la réalisation du programme ci-dessus préconisé.

Une pareille collaboration sort un peu de l'ordinaire, nous en convenons ; mais qu'importe s'il doit en sortir un bien ? En tout cas, on ne saurait lui contester le mérite d'être justifiée par la communauté d'intérêts existant entre l'Etat et les sociétés.

N'est-il pas de toute évidence, en effet, qu'en attachant plus étroitement l'indigène à un coin du sol par l'octroi de la pleine propriété du terrain qu'il occupe et en facilitant ainsi la création d'agglomérations stables, l'Etat y gagnerait d'avoir sous la main une matière imposable fixe et les sociétés un réservoir de main-d'œuvre où elles n'auraient qu'à puiser.

AFRIQUE OCCIDENTALE FRANÇAISE

Divers décrets avaient promulgué les règles de l'immatriculation dans nos possessions de l'Afrique occidentale française :

Sénégal et dépendances (20 juillet 1900) ; Côte-d'Ivoire (20 juillet 1900) ; Dahomey (5 août 1900) ; Guinée (24 mars 1901).

Ces décrets, qui sont la reproduction textuelle de celui du Congo (28 mars 1899) avec cette différence, toutefois, mais en ce qui concerne la Guinée seulement, que *les indigènes sont admis au bénéfice de l'immatriculation*, ont été remplacés par celui du 24 juillet 1906 (1), applicable aux quatre colonies.

Ce dernier acte constitue sur les précédents aussi bien que sur celui de Madagascar, un véritable progrès et, à plusieurs points de vue, sur la loi tunisienne de 1885. Il règle notamment avec un soin méthodique et très détaillé la procédure de l'immatriculation. Le nouveau régime est accessible à tous (art. 4), quel que soit l'état ou le statut des propriétaires ou détenteurs. *L'immatriculation, facultative* en principe, n'est obligatoire que : 1° dans le cas de concession ou d'aliénation de terres domaniales ; 2° dans le cas où un immeuble détenu jusque-là dans les formes admises par les coutumes indigènes, doit faire, pour la première fois, l'objet d'un contrat écrit, rédigé en conformité des principes du droit français. Dans ces deux cas, la formalité doit, à peine de nullité de la convention, précéder la passation de l'acte qui consacre l'accord définitif des parties (art. 5).

Cette dernière innovation, *en l'état actuel des choses*, est de nature à rassurer les acquéreurs de biens domaniaux et indigènes ; elle comble une lacune signalée dans l'art. 14 du décret de Madagascar de 1897 et qui existait dans l'art. 7 des anciens décrets susvisés de la Côte occidentale (Congo compris). Mais, en obligeant un acquéreur, pressé de s'installer, ce qui est, en général, le cas des nouveaux arrivants, à attendre les résultats d'une longue procédure, il faut bien reconnaître qu'elle peut lui causer un préjudice sérieux. L'obligation constitue donc une entrave à la libre circulation des terres. Peut-être y avait-il mieux à faire pour mettre les acheteurs à l'abri des nullités et clauses résolutoires qui le guettent. A notre avis, les mesures législatives qui, en Algérie, ont libéré les terres indigènes *du domaine éminent* et autres causes d'inaliénabilité ou d'insécurité, fondées sur le droit musulman, auraient été préférables et donné suffisantes garanties aux acquéreurs européens. Il est, du reste, encore temps d'y recourir.

Notre installation dans les territoires de l'Afrique Occidentale française remonte à quelque temps déjà, et, en ce qui touche le Sénégal, à de longues années. Il est à notre connaissance qu'il y avait un assez lourd passé à régulariser. On pouvait espérer que le nouveau régime en tiendrait compte et édicterait quelques dispositions rappelant la largeur de vue des ordonnances algériennes de 1844 et de 1846 et de la loi de 1851. Le législateur de 1906 a bien fait un effort dans ce sens en décidant (art. 58) que :

---

(1) En ce Recueil 1906, III, p. 198.

« Dans les parties de l'Afrique Occidentale où la tenure du sol par les « habitants ne présente pas tous les caractères de la propriété privée, telle « qu'elle existe en France, le fait, par un *ou plusieurs détenteurs* de terres, « d'avoir établi, par la procédure de l'immatriculation, l'absence de droits « opposables à ceux qu'ils invoquent, a pour effet, quels que soient les inci- « dents de ladite procédure, de consolider leurs droits d'usage et de leur « conférer les droits de disposition reconnus aux propriétaires par la loi « française. »

Il faut savoir gré au législateur d'avoir fait acte de bon vouloir, mais nous nous devons aussi de lui dire que cette disposition est insuffisante. L'art. 58, en effet, a déjà, malgré sa récente promulgation, donné naissance à une série de contestations qui ont été soumises aux tribunaux du pays. Il ne s'appliquerait, prétend-on, qu'aux détenteurs indigènes et non aux Européens, leurs acheteurs ; on citerait à l'appui de cette manière de voir le dernier paragraphe de l'article 65, où il n'est parlé que des détenteurs indigènes. On peut répondre que s'il n'est question, dans ce dernier article, que des indigènes, l'art. 58 par contre est conçu en termes généraux et s'applique aussi bien aux Européens qu'à ceux-ci ; que les Européens ont à produire les pièces désignées dans le premier paragraphe de l'art. 65 au lieu de ceux exigés par le dernier paragraphe ; que là est toute la différence.

En admettant même, au mieux aller, que notre interprétation soit exacte, l'art. 58 n'en serait pas moins insuffisant. Rouvrir la discussion sur une question qui a déjà été agitée, peut être même liquidée plus ou moins complètement ou sur laquelle simplement le silence, l'apaisement, l'oubli s'est fait, n'est-ce pas s'exposer à réveiller de vieilles chicanes, de vieilles haines, des convoitises mal assouvies et toujours disposées à se faire jour, provoquer même des suggestions d'un ordre encore moins relevé, le chantage pour dire le mot, sous une forme plus ou moins déguisée ?

Quoi qu'il en soit, l'article dont il s'agit doit être remanié. Il faut, non seulement que l'application en soit étendue aux ayants-droit des indigènes, mais encore, pour en finir avec cette série lamentable de conflits dont la Côte occidentale d'Afrique, le Sénégal en particulier, semble tenir le record, qu'il soit complété par une disposition spéciale passant l'éponge sur le passé comme on l'a fait en Algérie. (On pourrait tout au moins, en attendant qu'une période suffisamment longue ait procuré l'expérience indispensable permettant de préciser les retouches à faire à nos décrets fonciers, donner à qui de droit des instructions nécessaires pour n'engager d'instances qu'après avoir épuisé tous les moyens de conciliation, essayé sans succès de tous les modes de transaction, une mauvaise transaction valant toujours mieux qu'un bon procès).

Cette série de contestations, nous croyons utile de la rappeler ici :

1. L'affaire la première en date est celle de Rawane-Boye et Cie, du chemin de fer de Dakar à Saint-Louis, et le ministre des colonies. Elle a donné lieu aux décisions suivantes :

Jugement du tribunal de Saint-Louis du 12 mai 1894,

Arrêt de la Cour d'appel du 21 février 1896, confirmant ce jugement,

Arrêt de la chambre civile de la Cour de cassation du 29 novembre 1899, renvoyant l'affaire devant la Cour de Bordeaux.

Arrêt de la Cour de Bordeaux du 24 juin 1903,

La Cour de cassation, saisie d'un nouveau pourvoi contre ce dernier arrêt, ne s'est pas encore prononcée.

Ainsi ce litige dure déjà depuis plus de 15 ans !

(V. Recueil général de jurisprudence coloniale Penant, 1904, I, n. 2006, p. 205).

2. La seconde affaire (Daour Diop et consorts et Louis Abadie c. domaine de l'Etat et Secka N'Diaye) a débuté par un jugement du tribunal de Dakar

du 30 janvier 1906, qui a été confirmé sur appel par la Cour de l'Afrique occidentale française à la date du 8 février 1907. Il ne semble pas y avoir eu pourvoi.

(V. Recueil précité, 1907, I, 2408, p. 219).

3. La troisième (Abdou Cogna Diop et consorts et Louis Abadie c. Maxime Ficatier, Alpha Diol et Etat français) a fait, comme le précédent, l'objet d'un jugement du tribunal de Dakar du 7 août 1906 et d'un arrêt confirmatif du 1er mars 1907. Nous ignorons s'il y a eu pourvoi.

(V. Recueil précité, même numéro que le précédent).

4. La quatrième (Bolot c. colonie du Sénégal) a été solutionnée par un jugement du tribunal de Saint-Louis du 3 mars 1908, infirmé par arrêt de la dite Cour du 18 juin 1909 ; lequel arrêt a été frappé de pourvoi le 13 novembre 1909.

(V. Recueil précité, 1908, I, 2542, p. 247 ; 1910, I, 2765, 62).

5. La cinquième (Ali Diague et consorts c. administration des Domaines) a fait l'objet d'un jugement du tribunal de Dakar du 17 octobre 1908, demeuré sans appel, croyons-nous.

(V. Recueil précité, 1909, I, 2692, p. 209).

La question s'est posée, dans l'une de ces instances, de savoir si la promulgation du Code civil au Sénégal avait eu pour effet d'abolir les anciennes coutumes du pays et entraîné « *de plano* », sans qu'il ait été besoin d'une promulgation spéciale, l'application simultanée de la loi du 30 ventose an XII. Cette loi, qui a substitué la législation nouvelle aux anciennes coutumes de France, est comme la préface du Code et semble devoir le suivre partout où il paraît opportun de le mettre en vigueur. L'art. 7, aux termes duquel : « A compter du jour où ces lois sont exécutoires... les coutumes géné« rales ou locales cesseront d'avoir force de loi générale ou particulière dans « les matières qui sont l'objet desdites lois comprises dans le présent Code. » est une déclaration de principe, nous dirons plus, une injonction qui, par sa généralité aussi bien que par son caractère impératif, exclut nettement la co-existence en territoire français du Code et de coutumes quelconques contraires. A notre avis, il n'y a qu'un cas où la promulgation du Code dans une colonie n'entraînerait pas « *ipso facto* », la disparition des anciennes coutumes *relatives à la propriété immobilière*, c'est celui où l'acte de promulgation en contiendrait la réserve expresse. Le corps de lois nouvelles qu'est le Code constituait d'ailleurs, à l'époque où il fut promulgué en France et constitue encore, un progrès immense en même temps qu'un bienfait inappréciable, dont il serait souverainement injuste de ne pas faire bénéficier intégralement les colonies où il a été introduit et qui, elles aussi, sont terres françaises.

Nous croyons intéressant de reproduire ici le texte de l'arrêté du 5 novembre 1830, qui a promulgué (*à nouveau*, disent quelques-uns — V. dans le Recueil de jurisprudence Penant les notes sous l'arrêt du 1er mars 1907 (année 1907, I, 2408, 219), et sous le jugement du 3 mars 1908 (année 1908, I, 2542, 247). V. aussi, de M. Boudillon : *Le Code civil au Sénégal*, étude publiée au Recueil général Penant (1908, II, p. 28) — le Code civil au Sénégal. On verra qu'il ne contient aucune réserve dans le sens que nous venons d'indiquer et que son premier souci est de rappeler que « *le territoire de la colonie est partie intégrante de la Métropole* » :

« Nous Gouverneur du Sénégal et de ses dépendances,

« Vu l'art. 21 de l'ordonnance royale du 7 janvier 1822 ;

« Vu l'art. 3 de celle du 20 mai 1830 ;

« Ensemble la lettre de M. le Ministre du 9 juillet suivant ;

« Vu le projet d'application du Code civil français à la colonie du Sénégal « et dépendances, avec les modifications reconnues nécessaires, présenté « par M. L. Auger, avocat général dans les Etablissements français en « Afrique ;

« Après l'avoir examiné et approuvé en conseil privé et attendu que ses « principes et son exécution provisoire ne peuvent qu'être avantageux à la « colonie ;

« Sur le rapport de l'avocat général et de l'avis du conseil privé,

« Avons arrêté et arrêtons ce qui suit :

« Art. 1er. — Le Code civil français modifié pour le Sénégal sera enregis- « tré aux greffes du Conseil d'appel et des tribunaux de première instance « de cette colonie, pour être exécuté dans toutes ses dispositions à dater « du 6 novembre 1830 à Saint-Louis et à dater du 15 du même mois à « Gorée.

« Art. 2. — Les dispositions modificatives du Code civil seront affichées « à la porte du gouvernement.

« Art. 3. — L'avocat général est chargé de l'exécution du présent arrêté, « qui sera affiché et enregistré partout où besoin sera.

« Saint-Louis, le 5 novembre 1830.

« Signé : Brou.

« Application du Code civil français à la colonie et à ses dépendances avec les modifications reconnues nécessaires.

« Dispositions modificatives :

« Le territoire de la colonie est considéré, dans l'application du Code « civil, comme partie intégrante de la Métropole.

« Tout individu né libre et habitant le Sénégal ou ses dépendances jouira, « dans la colonie, des droits accordés par le Code civil aux citoyens fran- « çais.

« L'affranchi et l'engagé à temps, quoique libres, sont assimilés aux étran- « gers nés en France et habitant le territoire.

« Ils pourront réclamer les avantages attachés à la qualité d'homme né « libre depuis leur majorité jusqu'à l'âge de trente ans. Ceux qui seront ma- « jeurs à la publication de la présente loi pourront, dans les trois ans qui « suivront sa promulgation, réclamer également les avantages attachés à la « qualité d'homme né libre.

« Le gouverneur représentant le roi de France au Sénégal y promulguera « les lois, qui seront exécutoires dans chaque partie de la colonie du jour « fixé par l'arrêté de promulgation.

« Il accordera les autorisations et les dispenses réservées par le Code « civil à Sa Majesté.

« Les déclarations de naissance seront faites dans les cinq jours de l'ac- « couchement à l'officier de l'état civil du lieu, qui sera tenu de se trans- « porter avant l'écoulement de ce délai dans la maison de l'accouchée pour « se faire présenter l'enfant sans l'exposer à l'air extérieur.

« Les esclaves attachés à l'exploitation des habitations sont immeubles ; « les autres sont meubles.

« Les successions vacantes sont régies par l'édit de 1781 jusqu'à ce qu'il « en soit autrement ordonné.

« Les juges pourront ordonner la preuve testimoniale à quelque somme « que puisse monter les conventions, s'il y a parmi les contractants des gens « qu'ils estiment illettrés.

« Le terme de rachat ou de réméré fixé par un acte ou autre convention « peut être prolongé par le juge et ne sera considéré définitif qu'en vertu « d'un jugement.

« Saint-Louis, le 5 novembre 1830.

« Signé : Auger.

« Approuvé par M. le Gouverneur du Sénégal :

« Signé : Brou. »

(Page 333 du Bulletin administratif des actes du Gouvernement.)

Une autre question, non moins intéressante, s'est posée au cours de ces instances, c'est celle de savoir si les droits de propriété, qui nous ont été cédés par les traités intervenus entre la France et les Damels du Cayor ou autres grands chefs des pays du Sénégal, sur les territoires soumis à leur autorité, ont survécu aux lois abolitives de la féodalité (1).

Si la Cour de l'Afrique occidentale évite de se placer sur ce terrain et se contente d'appliquer *à la lettre* le texte de ces traités, pour admettre les prétentions de l'État et repousser celles de nos sujets indigènes, en revanche le Tribunal de Saint-Louis s'y cantonne résolument, pour donner raison à ceux-ci contre l'Etat.

Bien que l'on ne s'entende pas sur la nature et l'étendue des droits « *de propriété* » qui nous ont été cédés par les Damels, les uns y voyant une pleine propriété, les autres une variété de nue-propriété (domaine éminent), nombre de bons esprits enfin un simple droit de répartition des terres entre les membres de la collectivité (le droit de propriété proprement dit reposant sur la tête de cette collectivité et non sur celle du Damel ou autre grand chef) ; — ce qu'il y a de certain, c'est que ces droits, *d'une origine aussi suspecte*, si ce n'est plus, et qui se présentent avec *les mêmes caractères d'asservissement* que ceux dont les lois révolutionnaires de la fin du 18e siècle ont prononcé la suppression à l'encontre des seigneurs féodaux, ne sauraient *légalement* être invoqués aujourd'hui.

Cela ne saurait soulever le moindre doute pour ceux faisant l'objet des traités des 9 avril 1764 et 5 juin 1765, *antérieurs* à ces lois. Quant à ceux

---

(1) 4, 6, 7, 8 et 11 août 1789. — Art. 1er. — L'Assemblée nationale détruit entièrement le régime féodal. Elle décrète que, dans les droits et devoirs, tant féodaux que censuels, ceux qui tiennent à la mainmorte réelle et à la servitude personnelle et ceux qui les représentent sont abolis sans indemnité ; tous les autres sont déclarés rachetables ; — et que le prix et le mode de rachat seront fixés par l'Assemblée nationale.

25-28 août 1792. — L'Assemblée nationale, considérant que le régime féodal est aboli, que néanmoins il subsiste dans ses effets et que rien n'est plus instant que de faire disparaître du territoire français ces décombres de la servitude qui couvrent et dévorent la propriété — et qu'il y a urgence,

L'Assemblée nationale, après avoir décrété l'urgence, décrète ce qui suit :

Art. 1er. — Tous les effets qui peuvent avoir été produits par la maxime : « Nulle terre sans seigneur », par celle de l'enclave, par les statuts, coutumes et règles, soit générales, soit particulières, qui tiennent à la féodalité, demeurent comme non avenues.

Art. 2. — Toute propriété foncière est réputée franche et libre de tous droits tant féodaux que casuels, si ceux qui les réclament ne prouvent le contraire dans la forme qui sera prescrite ci-après.

17 juillet 1793. — Art. 1er — Toutes les redevances ci-devant seigneuriales, droits féodaux, censuels, fixes et casuels, même ceux conservés par le décret du 25 août dernier, sont supprimés sans indemnités.

(Aux termes de l'art. 6, tous actes constitutifs ou récognitifs de droits supprimés par le présent décret ou par les décrets antérieurs rendus par les assemblées précédentes, devront être déposés par les détenteurs aux municipalités et brûlés).

15 et 17 décembre 1792. — La Convention nationale, après avoir entendu le rapport des comités des finances, de la guerre et diplomatique, réunis, fidèle aux principes de la souveraineté du peuple, qui ne lui permet pas de remettre en vigueur aucune des institutions qui y portent atteinte, et voulant régler les règles à suivre par les généraux des armées de la République, dans les pays où ils porteront les armes, décrète :

Art. 1er. — Dans les pays qui sont ou seront occupés par les armées de la République, les généraux proclameront sur-le-champ, au nom de la nation française, la Souveraineté du peuple, la suppression de toutes les autorités établies, des impôts et contributions existants, l'abolition de la dîme, de la féodalité, des droits seigneuriaux, tant féodaux que censuels, fixes ou casuels, des banalités, de la servitude réelle et personnelle, du privilège de chasse et de pêche, des corvées, de la noblesse et généralement de tous les privilèges.

compris dans les traités *postérieurs* (1er février 1861 et 12 janvier 1871), prétendre les maintenir serait admettre la restauration possible de l'édifice féodal que les lois abolitives ont jeté bas. Ce n'est certainement pas le vœu de celle des 15-17 décembre 1792, aux termes de laquelle « *dans les pays* « *qui sont ou seront occupés par les armées de la République*, les généraux « *proclameront* sur-le-champ, au nom de la nation française ... *l'abolition de* « *la dîme, de la féodalité, des droits seigneuriaux, tant féodaux* que censuels, « fixes et casuels, des banalités, *de la servitude réelle ou personnelle*... » ?

On objectera peut-être que ces lois dont nous faisons état n'ont pas été promulguées au Sénégal. A cela nous répondrons en posant la question suivante :

N'y a-t-il d'applicable dans les colonies que celles qui y ont été régulièrement promulguées ?

Si l'on nous répond affirmativement, nous observerons que les lois constitutionnelles de 1875 notamment n'ont fait l'objet d'aucune promulgation dans nos possessions d'outre-mer incorporées à notre empire colonial depuis cette date de 1875. Elles y sont cependant d'une application journalière. Alors ?

C'est qu'il y a des lois, qui font partie intégrante de notre droit public, *de notre statut national*, et qui suivent notre drapeau partout où nous le plantons. Les lois abolitives de la féodalité, celle plus particulièrement des 15-17 décembre 1792, qui vise les pays de conquête, sont de ce nombre. Il suffit que notre drapeau flotte quelque part en souverain pour qu'elles soient applicables *de plano*.

Nous ne demandons certes pas qu'on applique à ces traités les prescriptions de la loi du 17 juillet 1893, *qu'on les brûle*. Mais nous estimons *qu'on ne peut en retenir que le seul droit de souveraineté*, qui en est la conséquence expresse ou tacite.

Au surplus, si la promulgation, en général, est nécessaire, c'est parce que les lois imposent des obligations, soit au corps social tout entier, soit à une fraction de ce corps social. Tel était le cas des lois abolitives au regard de nos anciens seigneurs féodaux. Mais quand elles n'obligent ni le corps social ni aucun de ses membres ; lorsque — et c'est notre cas — elles n'obligent que l'Etat, successeur de seigneurs féodaux indigènes, l'Etat a-t-il besoin de promulgation pour s'exécuter ? et, s'il ne s'exécute pas, n'est-on pas fondé, puisqu'il est juge et partie, à lui adresser le reproche de commettre un véritable déni de justice ?

Entre la théorie de la Cour et celle du Tribunal de Saint-Louis, nous n'hésitons pas. Cette dernière a toutes nos préférences. Qu'on nous permette de rappeler les principaux considérants du jugement du 3 mars 1908. Ils en valent la peine.

« Et attendu que, si on n'a pu soutenir la précarité de cette occupation, « qui ne pouvait créer aucun droit en faveur des indigènes, simples déten- « teurs du sol, il n'en a plus été de même à partir de l'année 1830 ;

« Attendu, en effet, que le Code civil a été promulgué dans la colonie du « Sénégal par arrêté du Gouverneur en date du 5 novembre 1830, avec, il « est vrai, certaines dispositions modificatives, mais d'un caractère plutôt « extensif que restrictif; que, parmi ces dispositions, il est dit notam- « ment que « le territoire *de la colonie est considéré dans l'application du* « *Code civil comme partie intégrante de la Métropole* » ; que « tout individu « né libre et habitant le Sénégal ou ses dépendances *jouira dans la colonie* « des droits accordés par le Code civil aux citoyens français » ; que « *l'af-* « *franchi* ou l'engagé à temps, quoique libres, sont *assimilés aux étrangers* « nés en France et habitant le territoire » ; « qu'ils pourront réclamer les « avantages attachés à la qualité d'homme né libre, depuis leur majorité « jusqu'à l'âge de trente ans » ; que « ceux qui seront majeurs à la publi- « cation de la loi pourront également, dans les trois ans qui suivront sa

« promulgation, réclamer les avantages attachés à la qualité d'homme né « libre » ; ... que « les juges pourront ordonner la preuve testimoniale, à « quelque somme que puisse monter l'objet des *conventions*, s'il y a parmi « les *contractants* des *gens* qu'ils estiment *illettrés* », ce qui semble indiquer « l'application du Code civil même aux indigènes ;

« Attendu que ces dispositions modificatives, qui jusqu'ici « ne parais- « sent pas avoir été abrogées » (1), ont été en vigueur au moment et à par- « tir de la promulgation du Code civil dans la colonie ; que dès lors il est « permis de dire que depuis le 5 novembre 1830 les indigènes du Sénégal, « en général, et, en particulier et à plus forte raison les descendants et « ayants-droit de ceux qui, en vertu du traité du 15 juin 1765, étaient restés « sur le territoire cédé à la France, relevaient de notre loi civile par le seul « fait de sa promulgation ;

« Attendu qu'avant même l'arrêté de promulgation du Code civil dans la « colonie, l'ordonnance du 7 janvier 1822, concernant l'organisation judi- « ciaire au Sénégal, portait en son art. 4 : « Le tribunal actuellement établi « à Gorée pour cette île et *les lieux qui en dépendent* est maintenu » ; que « ces lieux dépendant de Gorée comprenaient précisément et n'étaient « autres que ceux cédés par le Damel à la France, en vertu des traités de « 1764 et 1765 ;

« Attendu, au surplus, que les indigènes de la presqu'île du Cap Vert « étaient si bien soumis au Code civil que, deux ans après la promulgation « dudit Code, l'administration de la colonie, publiant l'ordonnance de 1822, « maintenait en toute sa teneur l'article précité ;

« Attendu qu'en disposant, en son art. 1er, que « les lois sont exécutoi- « res dans tout le territoire français... » et, en son art. 2, que « les immeu- « bles même possédés par des étrangers sont régis par la loi française », « *le Code civil lui-même ne permet pas d'avoir un doute à cet égard* ; qu'il « n'est pas admissible que, depuis les traités de 1764 et 1765, sous la sou- « veraineté du roi de France, et plus tard sous l'empire du Code civil, les « coutumes du Cayor aient continué au Sénégal à régir la propriété, alors « qu'en France, par sa promulgation, ce même Code en avait formellement « abrogé de semblables ; qu'il n'est pas superflu de rappeler ici la loi du « 30 ventôse an XIII qui, réunissant en un seul corps toutes les lois civiles, « y compris celles concernant les biens, les différentes modifications de la « propriété et les différentes manières dont on l'acquiert, a disposé en son « article final : « qu'à partir du jour où ces lois seraient exécutoires, les « lois romaines, les ordonnances, *les coutumes générales ou locales*, les sta- « tuts, les règlements cessaient d'avoir force de loi générale ou particulière « dans les matières qui étaient l'objet desdites lois composant le présent « Code » ;

« Attendu, au surplus, que supposer, malgré la promulgation du Code « civil au Sénégal et concurremment à son application, le maintien de la cou- « tume du Cayor à l'égard des indigènes serait admettre l'existence d'un « état de choses contradictoire, contraire aux principes de la Révolution et « abolies par elle en 1792 en France et « partout où la République a porté « ou portera ses armes » ; qu'à supposer si, antérieurement à 1830 et sous « l'empire de l'interprétation qui était donnée à la coutume du Cayor, on a « pu penser que Madoune Douyène et Mar Daramé étaient de simples « détenteurs précaires, il n'est pas douteux qu'à partir de 1830, c'est-à-dire « de la date de la promulgation du Code civil, cette façon de voir ne s'ex- « plique plus, car, à partir de ce moment, ils acquéraient une vocation à « devenir propriétaires du sol qu'ils occupaient en vertu des règles de la

(1) Le jugement a, en cela, commis une erreur partielle : la preuve testimoniale n'est plus permise depuis le décret du 1er octobre 1897 (Penant, *Rec. gén.* 1897, III, p. 159). De plus, le régime des successions vacantes a été modifié.

« prescription établie par ce Code, règles qui leur étaient applicables en « leur qualité d'habitants du territoire régi par ledit Code ; qu'à partir de ce « moment, une situation nouvelle, un état de choses nouveau était créé à « tous les habitants de la presqu'île du Cap-Vert, quelle que fut leur ori- « gine ; que cette situation nouvelle faisait table rase de tout ce qui avait pu « exister auparavant, et que, par le fait de cet état de choses nouveau, Ma- « doune Dayène et Mar Daramé ont commencé une possession nouvelle en « quelque sorte imposée, et ce, au même titre qu'un détenteur ordinaire, telle « que l'aurait un détenteur quelconque sous l'empire des règles du Code « civil en France, et sans que l'on puisse opposer à cette détention aucun « caractère de précarité ; que, par suite, ils ne peuvent être considérés comme « dépositaires, ni comme des fermiers, ni comme des usufruitiers de qui « l'interversion de titre devrait être exigée, puisque ce titre lui même n'existe « pas ; qu'il est d'ailleurs quelque peu étrange que la colonie du Sénégal, « qui, en principe, conteste aux indigènes le bénéfice du Code civil, leur « oppose en même temps les dispositions rigoureuses dudit Code.

« Attendu que, même en considérant Madoune Dayène et Mar Daramé « comme des détenteurs précaires à qui devraient être appliqués les art. 2236 « et 2237 C. civ., on serait en droit de se demander si la promulgation de « ce Code n'aurait pas produit vis-à-vis d'eux l'effet de la loi du 10 juin « 1793 au regard de certaines communes de France : Dalloz, v° Prescrip- « tion civile, n. 442 ; Cass. 31 déc. 1893, aff. com. de Moussoulens ; D. R., « v° Commune, n. 2151.

« Mais attendu, au surplus, que si, sous l'empire des dispositions du « Code civil (art. 2236), nul ne peut posséder pour autrui, il n'en est pas « moins évident qu'aux termes de l'art. 2230, la précarité ne se présume « pas et que le détenteur du sol est toujours présumé posséder pour son « propre compte ; que, dans ces conditions, celui qui invoque la précarité « ne doit pas se borner à une simple allégation, mais en rapporter néces- « sairement la preuve ;

« Attendu qu'en l'espèce la preuve n'a pas été rapportée, il n'y a pas lieu « d'invoquer ce moyen à l'encontre de Bolot ;

« Attendu ainsi que Madoune Dayène et Mar Daramé ont évidemment, à « partir de 1830, commencé valablement à prescrire « *animo domini* » ; « qu'il n'est pas douteux que, continuant à occuper le sol dans ces con- « ditions, ils n'aient eu « *l'animus domini* » ; qu'on ne saurait douter un « instant de cette intention quand on les voit continuer à prescrire au-delà « même de la période trentenaire exigée par la loi, et que ce n'est que le « 12 décembre 1861, alors qu'ils sont devenus réellement propriétaires par « l'effet de la prescription, qu'on les voit vendre leur terrain à Bolot, sui- « vant l'acte dont il a été parlé ci-dessus ; qu'alors propriétaires, Madoune « Dayène et Mar Daramé, par l'acte de vente du 12 décembre 1861, trans- « mettaient régulièrement à l'acheteur leurs droits de légitime propriété « qu'ils avaient, à cette époque, incontestablement acquis sur ledit terrain ;

« Attendu que la vente elle-même... »

Le débat, comme on le voit, est du plus haut intérêt. Si les questions posées étaient résolues par l'affirmative, ce serait, en effet, la disparition définitive du domaine éminent au Sénégal et dans toutes les autres colonies où le Code civil a été promulgué. La mesure ne tarderait sans doute pas à être généralisée, sinon par la promulgation du Code qu'il n'y a pas lieu d'appliquer partout, mais par voie de décrets spéciaux modifiant au besoin ceux qui régissent la propriété foncière dans la plupart de nos nouvelles colonies. On peut regretter que la Cour suprême n'ait pas encore statué sur le pourvoi relatif à la première des affaires ci-dessus (1).

(1) La Chambre civile vient, par arrêt du 7 mars 1910, de rejeter le pourvoi dans cette affaire Rawane Boye, formé contre l'arrêt de renvoi, en décidant qu'il appartient

Sauf le jugement du tribunal de Saint-Louis du 3 mars 1908, qui est contraire au domaine éminent, toutes les autres décisions susvisées y sont favorables. Nous l'avons vu.

On nous dit bien que l'administration n'a pas l'intention d'abuser de sa victoire. Tout en prenant bonne note de ces dispositions bienveillantes, dont rien, d'ailleurs, ne nous garantit la pérennité, nous leur aurions préféré, nous l'avouons, un bel et bon texte prononçant l'abandon par l'Etat de son domaine éminent. Cela aurait beaucoup plus fait, pour rassurer les intéressés, que les promesses même les plus sincères et de meilleure foi.

Il ne s'agit plus ici, comme en Algérie, des droits du « Grand Turc », que raille agréablement l'Empereur dans sa lettre au Maréchal, Gouverneur général de notre colonie nord-africaine, mais des droits de roitelets mangeurs d'hommes de la côte d'Afrique, qui disposaient en toute propriété de la personne aussi bien que de l'avoir mobilier et immobilier de leurs sujets, et ne reconnaissaient d'autres lois que leur bon plaisir et la force.

N'est-il pas étrange de voir un grand pays comme la France républicaine, — en cela moins généreuse que l'Empire, nous l'avons déjà dit et nous le répétons volontiers, — se réclamer de pareils auteurs, revendiquer des droits n'ayant d'autre origine que *le bon plaisir et la force*, et traiter, avec la même désinvolture que ces roitelets dont nous venons de parler, les biens de nos sujets indigènes ? Ces malheureux doivent à coup sûr regretter le temps où il leur suffisait, pour obtenir la concession des terrains occupés par eux, d'en faire la demande au Gouverneur (Arrêté Faidherbe du 11 mars 1865). Le formalisme d'alors était infiniment moins compliqué que celui organisé par les nouveaux décrets fonciers.

En ce qui touche les opérations générales de délimitation et de répartition des territoires des tribus, les observations que nous avons présentées, en nous occupant du Congo, sont de tous points applicables aux colonies de l'Afrique occidentale française. La colonisation étant plus active et plus avancée dans celle-ci qu'au Congo, la prudence exige toutefois que ces opérations soient commencées et exécutées plus vigoureusement.

COTE DES SOMALIS

La Côte des Somalis vient d'être dotée de son régime foncier par un décret du 1er mars 1909. C'est la reproduction à peu près textuelle de celui du 24 juillet 1906 concernant l'Afrique occidentale française, avec quelques modifications heureuses ayant pour objet, comme l'explique le rapport de présentation, d'assurer aux femmes mariées, aux mineurs et aux incapables une sécurité plus complète de leurs droits en cas de négligence des maris et tuteurs ; de régler d'une façon plus précise la procédure d'intervention édictée par l'art. 84 du décret de 1906 ; de laisser le soin au Gouverneur de prendre toutes les dispositions de détail dont l'opportunité et l'utilité sont mieux appréciées par lui.

L'art. 8 dispose que « la direction du bureau de la conservation de la propriété foncière sera confiée à un fonctionnaire désigné par arrêté ministériel qui portera le titre de conservateur de la propriété foncière ». Il y a là une innovation qui ne nous paraît pas très heureuse. La conservation de la propriété foncière rentre, depuis le début de ce nouveau régime en Tunisie, au même titre que la conservation des hypothèques, dont elle n'est en somme qu'une modalité, une transformation, dans les attributions normales de l'administration de l'Enregistrement. Cette spécialité, à laquelle elle est toute préparée par ses traditions et où elle a fait preuve incontestable de compétence, il y avait tout avantage, pour le plus grand bien des intéressés,

---

aux tribunaux de l'ordre judiciaire d'interpréter les traités internationaux en tant qu'ils peuvent servir à résoudre un litige d'intérêt privé.

à la lui maintenir. « A chacun son métier », dit un vieil adage qu'on nous permettra de rappeler ici, malgré sa trivialité, « les vaches sont bien gardées ». Et si l'on nous objecte le manque de sujets spécialistes, nous répondrons qu'il s'en trouvera toujours, même pour aller à la Côte des Somalis, si l'on veut leur assurer une situation en rapport avec les risques de toute sorte qu'ils auront à courir.

L'art. 58 du décret de 1906 n'a pas de similaire dans celui du 1er mars 1909. Nous le regrettons dans un sens. Bien que nous ayons fait la critique de cet article, dont la teneur nous paraissait insuffisante, nous constations, en effet, que par ailleurs il était un acheminement vers la suppression du domaine éminent.

Ce que nous avons dit dans les paragraphes concernant Madagascar, le Congo et l'Afrique occidentale française, au sujet de l'intérêt qu'il y aurait à faire disparaître le domaine éminent, s'applique de tous points à la Côte des Somalis. Même observation en ce qui touche les opérations générales de délimitation et de répartition des territoires des tribus ; il y a toutefois moins d'urgence que dans les colonies précitées.

AUTRES COLONIES

Rien de bien particulier à signaler, en ce qui concerne nos vieilles colonies de la Réunion, des Antilles, de Saint-Pierre et Miquelon, de la Guyane, de l'Inde et de Tahiti. La propriété privée y est bien constituée, le régime hypothécaire y fonctionne régulièrement depuis de nombreuses années; peuplées de créoles, citoyens français, de quelques Européens et de petits groupes indigènes (Guyane, Tahiti), elles sont mûres pour les bienfaits de l'Act Torrens, dès qu'on voudra bien le leur octroyer. La Guyane y est plus spécialement préparée, grâce aux décrets du 3 avril 1900 et du 16 décembre de la même année, qui ont permis, au moyen de la mise en demeure faite aux particuliers, d'avoir à produire leurs titres, de déterminer les limites du domaine de l'Etat et de réviser le cadastre des propriétés privées. Même observation pour les Iles Marquises, où pareille opération s'est faite à la suite d'un décret du 31 mai 1902. Une ordonnance du 22 novembre 1858, promulguée à Tahiti, permet aux détenteurs de terrains d'en devenir propriétaires, cinq ans après l'inscription faite sur un registre spécial et précédée de publications pour valoir mise en demeure aux tiers, s'il ne s'est produit aucune opposition justifiée dans l'intervalle ; depuis, il a été procédé à la vérification des titres de propriété dans les mêmes formes que celles prévues par le décret du 31 mai 1902 ; l'île est donc parfaitement préparée à l'application d'un meilleur régime foncier. Si le cadastre n'existe pas à la Réunion, aux Antilles et à St-Pierre et Miquelon, la propriété est parfaitement délimitée ; donc là aussi, préparation complète à l'avènement d'un nouveau régime. L'Inde, au moins à Pondichéry et à Karikal, a son cadastre. A Karikal ce cadastre c'est le « compte de païmache », qui date de 1824. Sauf dans cette dernière ville (Karikal), située sur le territoire de l'ancien royaume de Tanjore et où la propriété du sol a toujours appartenu aux habitants, l'Etat, succédant aux Rajahs, est devenu le maître du sol ; il semble, dès lors, que nul obstacle ne s'opposerait à l'introduction de l'Act Torrens dans les cinq territoires de notre possession indienne ; l'Etat renoncerait préalablement à son domaine éminent, si tant est que cela n'ait pas encore été fait. Il faut ajouter que toutes ces vieilles colonies, sauf peut-être la Guyane, dont le climat ne se prête guère à la colonisation proprement dite, sont dénuées de terres disponibles pouvant être attribuées à des colons, et d'ailleurs ont plutôt un trop plein de population qui s'accommoderait mal de l'introduction d'éléments nouveaux.

Parmi nos jeunes colonies, vivant encore sous le régime hypothécaire, il en est une qui mérite une mention particulière : c'est la Nouvelle-Calédonie,

Une triangulation générale, comprenant trente-six périmètres divisionnaires, a été effectuée de 1870 à 1886. En dehors du domaine de l'Etat, dont la délimitation a été faite depuis longtemps, pour les premiers besoins de la transportation, la propriété particulière y est parfaitement définie. La colonie se trouvait dans les meilleures conditions pour servir à l'expérimentation d'un régime foncier procédant de l'Act Torrens. Lorsqu'arrivèrent dans la colonie les dernières instructions ministérielles prescrivant une étude dans ce sens, elle était administrée par le Gouverneur Pardon, qui parvint à mettre sur pied le projet qui porte encore son nom. Ce projet, qui date du 29 août 1891, n'est pas, comme la loi tunisienne de 1885, une imitation dégénérée de l'acte australien, juxtaposant sans logique des dipositions à peine conciliables, empruntées tantôt au système germanique, tantôt au système français. Il adopte d'abord, avec toutes ses conséquences, le principe de l'Act Torrens, « la publicité », d'après lequel la propriété et les autres droits réels ne s'acquièrent que par l'inscription aux registres publics, à l'exclusion du simple consentement ; il organise ensuite, à l'instar de son modèle, le contrôle « légal » de toutes les inscriptions faites aux registres (principe de la légalité) ; il complète enfin le cadre de l'Act Torrens au point de vue de la mobilisation de la propriété par l'institution des cédules hypothécaires rappelant notre loi de Messidor an III (art. 36) et les « handsfesten » de la petite ville de Brême. Nous n'avons pas à rechercher comment il se fait que ce projet soit demeuré sans suite.

L'Annam et le Tonkin, où le domaine éminent appartient à l'Etat, et où le roi notre protégé cède le domaine utile sous l'obligation de mettre en culture et de payer l'impôt, ont, au moins dans une partie des communes, leur registre terrier, dit « dia-bô », où sont inscrits tous les tenanciers. L'application d'un régime foncier à base cadastrale y serait en partie préparée. Resterait à supprimer le domaine éminent, qui semble purement honorifique et nominal. Le roi n'y perdrait rien, puisqu'une des conditions de la mainlevée serait tout au moins, pour les bénéficiaires, de continuer à payer l'impôt (1).

Situation encore plus favorable en Cochinchine, où nous avons succédé aux anciens maîtres du pays et où l'administration française a tenu la main à la tenue des « dia-bô ».

Au Cambodge, la situation est peut-être plus nette encore. La convention de Pnom-Penh, du 17 Juin 1884, conclue entre la République française et le roi de ce pays, porte, en effet, dans son article 9 :

« Le sol du royaume, jusqu'à ce jour propriété exclusive de la couronne, « cessera d'être inaliénable. Il sera procédé par les autorités française et « cambodgienne à la constitution de la propriété au Cambodge.

« Les chrétientés et les pagodes conserveront, en toute propriété, les ter- « rains qu'elles occupent actuellement ».

Nous ignorons, d'ailleurs, à quel degré d'avancement se trouve arrivé aujourd'hui le travail de constitution de propriété que devait effectuer la commission Franco-Cambodgienne.

Nous savons, du reste, que le roi du Cambodge n'a pas hésité à faire abandon de ses droits au profit de ses sujets, en constituant la propriété individuelle. Cela semble résulter d'une interwiew rapportée dans le *Journal* du 12 juin 1906, dont voici la teneur :

«.... J'ai (c'est le roi qui parle) déjà fait profiter mes sujets des bienfaits « de votre civilisation ; j'ai aboli dans mon royaume les peines corporelles

(1) Nous conseillons à ceux qu'intéresse la question foncière coloniale de lire l'étude qu'a faite sous le titre « La question foncière en Annam-Tonkin » M. Penant, directeur du Recueil général de jurisprudence, de doctrine et de législation coloniales et maritimes, 33, Chaussée-d'Antin, Paris. Ils ne pourront manquer d'y trouver profit.

« et j'ai institué il y a quelques jours à peine, sur tout mon territoire, la « propriété individuelle aux habitants qui demandaient des concessions ou « qui l'occupent... »

Si ce propos est exact, et nous n'avons aucune raison d'en douter, le terrain est on ne peut mieux préparé pour recevoir le régime foncier qu'il plaira au Gouverneur général de l'Indo-Chine d'introduire au Cambodge.

Situation tout aussi favorable aux Comores ; à en juger d'après les actes et traités qui ont précédé et motivé notre installation dans ces pays, la propriété individuelle n'y existerait qu'à l'état d'accident. Le droit de disposer du sol en maître absolu paraît avoir appartenu aux chefs ou souverains indigènes, leurs sujets n'ayant, sur les terrains détenus par eux, qu'un droit de jouissance plus ou moins précaire.

Ces possessions sont encore vierges de tout régime foncier d'importation française ; il faut se garder d'y introduire notre régime hypothécaire.

La reconnaissance, même sommaire, de la propriété et quelques délimitations générales dans le genre de celles que nous avons préconisées plus haut, auraient, sinon évité le grave conflit survenu entre l'un des anciens sultans du pays et la Cie Humblot, du moins permis d'en apprécier l'importance territoriale et fourni les éléments essentiels d'une solution équitable, soit au regard des principaux intéressés, soit au regard de la population indigène, dont les droits méritent mieux, semble-t-il, que l'indifférence réservée d'ordinaire à ce que l'on est convenu d'appeler « quantité négligeable ». Il est regrettable que l'on n'ait pas, dès les débuts, pris l'initiative de ces opérations. Peut-être serait-ce encore le meilleur moyen de donner satisfaction à la plus grande partie des intérêts en jeu.

NOS CONCLUSIONS

Notre outillage foncier colonial est en bonne voie ; mais il est loin d'être complet. Un effort considérable a déjà été fait, qu'il importe de continuer jusqu'au parachèvement de l'œuvre. Pour atteindre le but plus sûrement et plus rapidement aussi, il nous paraît nécessaire :

1° Que partout où il n'y a pas d'impossibilité absolue de le faire, les transactions, passées de bonne foi entre colons et indigènes et qui pourraient être entachées de nullité ou avoir à craindre quelque clause résolutoire par des motifs tirés du droit musulman ou des coutumes locales, soient validées ;

2° Que partout où il existe encore, le domaine « éminent » soit aboli ;

3° Qu'il soit procédé, dès que faire se pourra, en vue de la constitution ultérieure de la propriété individuelle, d'une plus facile application du régime foncier créé ou à créer, et d'une plus rapide détermination des terres vacantes et sans maître, à la délimitation générale et à la répartition des territoires des tribus ou groupes homogènes ; sauf, en cas d'impossibilité et en attendant, à procéder à toutes opérations partielles pouvant y aider, au fur et à mesure des occasions ;

4° Qu'il soit fait application à la Nouvelle-Calédonie ainsi qu'à nos vieilles colonies, mieux préparées à cet effet, semble-t-il, que les jeunes, du projet de régime foncier élaboré en 1891 par le Gouverneur Pardon, après y avoir fait les modifications nécessaires ;

5° Que les décrets fonciers déjà promulgués soient mis au point, en tenant compte de l'expérience acquise et des indications données plus haut.

La pensée généreuse d'où est né le sénatus-consulte algérien du 22 avril 1863 et qui a trouvé sa formule dans la déclaration placée en tête de cet acte : (« Les tribus de l'Algérie sont déclarées propriétaires des territoires dont elles ont la jouissance permanente et traditionnelle à quelque titre que ce soit »), a survécu à son auteur et avait encore, quand fut préparée la loi du 16 février 1897, d'assez nombreux adeptes pour que le rapporteur, M. Pourquery de Boisserin, ait pu dire :

« On doit constater, d'ailleurs, que la France *a toujours fermé l'oreille*, « avec raison, aux théories de ceux qui, prenant à la lettre la doctrine tirée « du Coran, représentant toutes les terres de tribu comme appartenant au « beylik, et, partant, comme domaniales tendaient à ne faire reconnaître « aux indigènes qu'un droit de jouissance que l'Etat pouvait leur enle- « ver à sa fantaisie. Si les revendications légitimes du domaine ont été « exercées sur les terres vacantes et sans maître des tribus, le gouverne- « ment français *a répudié les dépossessions arbitraires dont le beylik eut pu* « *s'attribuer la faculté*. Dans les territoires *« arch » la jouissance effective* « *des occupants indigènes a été respectée* comme les droits acquis des indi- « gènes des territoires *« melk »*, à l'égal d'une propriété basée sur un titre « certain : *cette jouissance a toujours été considérée comme créant un droit* « *à compensation* pour l'indigène qui en a été dépossédé au profit de l'Etat... »

Pourquoi faut-il que cela ne soit vrai que pour l'Algérie ? Vérité en deçà, erreur au delà !

Nous n'avons pas la prétention d'avoir tout dit sur la question foncière coloniale, même au point de vue très restreint où nous nous sommes placés. Notre ambition est plus modeste. Il nous suffirait que quelques-unes des idées par nous mises en relief puisse aider à la solution de ce problème si complexe.

A. NAUDOT,

Ancien Chef du Service de l'Enregistrement
et des Domaines à la Guyane.

Melle. — Imprimerie GOUSSARD & Cie.

www.ingramcontent.com/pod-product-compliance
Lightning Source LLC
LaVergne TN
LVHW021713230826
846091LV00006BA/2159

* 9 7 8 2 0 1 1 7 6 2 4 2 9 *